Heinz-Helmut Lüger

Routinen und Rituale in der Alltagskommunikation

Fernstudieneinheit 6

Fernstudienprojekt
zur Fort- und Weiterbildung
im Bereich Germanistik
und Deutsch als Fremdsprache

Teilbereich Deutsch als Fremdsprache

Kassel · München · Tübingen

LANGENSCHEIDT

Berlin · München · Wien · Zürich · New York

Fernstudienprojekt des DIFF, der GhK und des GI
allgemeiner Herausgeber: Prof. Dr. Gerhard Neuner

Herausgeber dieser Fernstudieneinheit:
Wolfram Hosch, Deutsches Institut für Fernstudien
an der Universität Tübingen (DIFF)

Im Fernstudienprojekt „Deutsch als Fremdsprache und Germanistik" arbeiten das
Deutsche Institut für Fernstudien an der Universität Tübingen (DIFF), die Universität
Gesamthochschule Kassel (GhK) und das Goethe-Institut München (GI) unter Beteili-
gung des Deutschen Akademischen Austauschdienstes (DAAD) und der Zentralstelle
für das Auslandsschulwesen (ZfA) zusammen.

Das Projekt wird vom Bundesminister für Bildung und Wissenschaft (BMBW) und dem
Auswärtigen Amt (AA) gefördert.

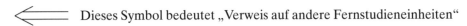 Dieses Symbol bedeutet „Verweis auf andere Fernstudieneinheiten"

      * mit diesem Zeichen versehene Begriffe werden im Glossar erklärt

Druck:	5.	4.	3.	2.	1.	Letzte Zahlen
	97	96	95	94	93	maßgeblich

Titelfoto: A. Gripp
Satz und Gestaltung: Satz- und Reprotechnik GmbH, Hemsbach
Druck: Druckhaus Langenscheidt, Berlin
Printed in Germany: ISBN 3-468-**49674**-5

Inhalt

Worum geht es in dieser Studieneinheit?

Für das Erlernen einer Sprache ist es zunächst einmal wichtig, daß man ihre Wörter, ihre Aussprache und ihre Grammatik lernt. Das reicht aber oft nicht aus: Grammatisch korrektes Sprechen bedeutet nicht automatisch, daß die Kommunikation gelingt. Jede Sprache hat neben ihren grammatischen Regeln auch Regeln und Redemittel dafür, wie man sich begrüßt, wie man sich verabschiedet, wie man jemanden lobt oder kritisiert, wie man Höflichkeit ausdrückt und vieles mehr, kurz: wie man in einer bestimmten Situation etwas sagt oder schreibt. Solche Rede- und Schreibformen nennt man auch sprachliche Routinen; einige davon sind sehr genau festgelegt, man spricht dann häufig von Ritualen. Sprachliche Routinen und Rituale sind von Land zu Land, von Sprache zu Sprache sehr verschieden. Sie sind oft nur vor dem Hintergrund einer bestimmten Kultur zu verstehen; das macht sie auch für das landeskundliche Lernen sehr interessant und wichtig.

Allein schon innerhalb der deutschsprachigen Länder begrüßen sich die Menschen zum Beispiel ganz unterschiedlich. Der „Knigge International", ein Ratgeber für Auslandsreisende, empfiehlt für Österreich den Händedruck bei der Begrüßung. Umarmung sei zwar nicht verboten, aber nicht üblich. Als eine spezifisch österreichische Verabschiedungsform nennt der Ratgeber den Handkuß für die Dame. Sehr wichtig sei außerdem, daß man die Gesprächspartnerin oder den Gesprächspartner mit dem Titel anrede, also „Frau Professor", „Herr Doktor" (Commer 1987, 228 f). Das ist – wie Sie vielleicht wissen – nicht einfach, da es in Österreich sehr viele verschiedene Titel gibt.

Auch in der Schweiz – meint der „Knigge International" – sei Händedruck immer richtig. Die jüngere Generation begrüße sich zum Teil auch – wie in Frankreich – mit Wangenkuß. Unter Freunden und Bekannten sei inzwischen auch die Umarmung üblich. Außerdem rede man den Gesprächspartner in der Schweiz normalerweise nicht mit Titel an. Nur den Doktortitel solle man verwenden, vor allem wenn die angesprochenen Personen ältere Menschen seien. Schließlich sei es wichtig, daß man Namen kenne und nenne. (Commer 1987, 259).

Und wie ist es in Deutschland? Hier ist – zumindest in den alten Bundesländern – der Händedruck nicht mehr so verbreitet. Er wirkt sehr offiziell. Die Begrüßungsformen sind insgesamt variabler geworden als früher: Man nickt sich zu und/oder hebt die Hand. Die Umarmung ist nur unter gut befreundeten Personen üblich, und der Wangenkuß kommt fast nicht vor, allenfalls unter jungen, frankreichbegeisterten Leuten. Den Namen des Gesprächspartners zu kennen und zu nennen wird allerdings auch in Deutschland immer wichtiger.

Es geht also sowohl um sprachliche Unterschiede als auch um außersprachliche wie Mimik und Gestik, die ja nicht in allen Kulturen gleich sind. Wer das vergißt, kann leicht Mißverständnisse auslösen und auf unerwartete Reaktionen stoßen.

In dieser Studieneinheit erfahren Sie Genaueres über die kulturelle und damit auch landeskundliche Bedeutung von Routinen und Ritualen in der Alltagskommunikation, über ihre wissenschaftliche Erforschung und über die Möglichkeit, im Deutschunterricht damit zu arbeiten:

– Kapitel 1 gibt einen Überblick über die zentralen Begriffe der Studieneinheit: Was versteht man genau unter Routinen und Ritualen, und worauf bezieht sich der Begriff ‚Alltagskommunikation' in dieser Studieneinheit?
– In Kapitel 2 wird an verschiedenen Beispielen der Zusammenhang zwischen Alltagskommunikation und Landeskunde erklärt. Bei der Interpretation werden sowohl kommunikationswissenschaftliche als auch fremdsprachendidaktische Aspekte berücksichtigt.
– In den Kapiteln 3 – 5 stellt der Autor exemplarisch einige Routinen und Rituale aus dem Bereich der Alltagskommunikation vor: das Anredeverhalten im Deutschen, die Eröffnung und Beendigung von Gesprächen und Briefen sowie Formen der Höflichkeit.

– In Kapitel 6 geht es um den landeskundlichen Anteil in vorgeprägten Sprachmustern wie zum Beispiel Sprichwörtern oder idiomatischen Ausdrücken. Dabei interessiert uns vor allem die Frage, ob sich solche Sprachmuster auch für den Deutschunterricht eignen.

Anregungen, wie Sie Routinen und Rituale in den Fremdsprachenunterricht einbeziehen können, finden sich jeweils im Anschluß an die in Kapitel 3 – 5 besprochenen Materialien.

1   Zentrale Begriffe der Studieneinheit

Überblick

In diesem Kapitel geht es um eine genauere Bestimmung und Unterscheidung der Begriffe ‚Routinen' und ‚Rituale', die beide aus der Ethnologie in die Sprachwissenschaften übernommen wurden. Ich verwende dazu Textbeispiele und zeige daran zunächst die Funktion von Routinen und welche Bedeutung sie in der Kommunikation haben. In einem zweiten Schritt geht es dann um Rituale. Zuerst erkläre ich jedoch kurz, was ich mit Alltagskommunikation meine.

1.1   Alltagskommunikation

Definition

Wir beschäftigen uns in dieser Studieneinheit vorwiegend mit Situationen aus dem Alltagsbereich und dem Wissen, das man braucht, um diese Situationen sprachlich bewältigen zu können. Was genau zum Alltagsbereich gehört, ist nicht leicht zu bestimmen. Ganz allgemein kann man darunter jene Wirklichkeit verstehen, die den Erfahrungs- und Handlungsbereich des „gesellschaftlichen Normalverbrauchers" darstellt (Berger/Luckmann 1980, 21 ff.). Dazu gehören zum Beispiel soziale Räume wie Familie, Arbeitsplatz und der Bereich der sozialen Kontakte allgemein sowie bestimmte Dienstleistungssituationen wie etwa Informations- oder Verkaufsgespräche und ähnliches. Wir nennen das den situationsbezogenen Aspekt der Alltagskommunikation. Daneben gibt es noch einen funktionalen Aspekt, der sich auf das Wie und Wozu dieses Kommunikationstyps bezieht: Sprachliches Handeln im Rahmen der Alltagskommunikation verläuft gewöhnlich zwanglos und ist weniger geplant als zum Beispiel ein institutionelles Gespräch (Ramge 1977, 111 f.); der genaue sprachliche Ausdruck ist offenbar in der Alltagskommunikation weniger wichtig. Beide Aspekte, der situationsbezogene wie auch der funktionale, sind wesentlich für unsere Definition von Alltagskommunikation.

Häufig wird Alltagskommunikation auf gesprochene Sprache beschränkt; ich werde in dieser Studieneinheit jedoch auch schriftliche Textproduktionen einbeziehen. Nicht behandelt werden dagegen institutionell festgelegte Kommunikationsabläufe (zum Beispiel aus dem rechtlichen oder religiösen Bereich) und fach- oder wissenschaftssprachliche Texte. Literarische Belege kommen nur insoweit zur Sprache, wie sie bestimmte Alltagsphänomene thematisieren und methodische Ansatzpunkte für den Einsatz im Fremdsprachenunterricht bieten.

1.2   Routinen und ihre Funktion

Beispiel 1

Zugauskunft Deutsche Bundesbahn

  A: auskunftsgebender Beamter; K: Kunde, Anrufer

```
 1    (Telefonsignal)
 2 A: auskunft hauptbahnhof X
 3 K: guten tag K äh können sie mir sagen wann man
 4    . . . morgen abend der letzte zug nach Y von X
 5    abfährt ↓
 6 A: moment . . . . . .
 7    achtzehn uhr neunzehn
 8 K:         achtzehn uhr neunzehn
 9 A:                  der isch zwanzig fünfzehn in Z un
10 A: dort geht s weiter . . . zwanzig vierzig zwa
11    mit m omnibus ↓ zwanzig vierundfünfzig in Y
12 K: gut ↑ vielen dank        wiederhören
13 A:                          bitte wiederhören
```

Jäger (1979), 65.
Die Transkription wurde leicht verändert; eine Zeichenerklärung finden Sie auf S. 100

a) Was fällt Ihnen an der Sprache der beiden Sprecher auf? Worauf führen Sie die Merkmale zurück?

Merkmale	*Ursachen*
_____	_____
_____	_____
_____	_____
_____	_____
_____	_____

b) Versuchen Sie, den landeskundlichen Hintergrund des Textes zu skizzieren (zum Beispiel die Bedeutung der öffentlichen Verkehrsmittel und Fahrpläne usw.).

_____

_____

_____

c) Wie liefe eine vergleichbare Auskunft in Ihrem Land ab?

_____

_____

_____

In solchen Gesprächssituationen läuft die Kommunikation normalerweise sehr standardisiert ab, die Sprecher bedienen sich sogenannter sprachlicher Routinen.

Routinen sind meist das Resultat von Wiederholungen: Führen wir bestimmte Handlungen, zum Beispiel das Schreiben mit der Schreibmaschine oder das Schalten beim Autofahren, mehrmals durch, so stellt sich mit der Zeit ein Gewöhnungseffekt ein: Man muß nicht mehr so sehr auf die einzelnen Schritte der Handlung achten, es geht fast automatisch. Wir können schließlich auf eingespielte und bewährte Lösungsmuster zurückgreifen, wenn wir solche häufig gemachten Handlungen – sprachlicher oder nichtsprachlicher Art – ausführen. Routinen erleichtern also auch die Kommunikation.

Routinen kann man demnach definieren als verfestigte, wiederholbare Prozeduren, die den Handelnden als fertige Problemlösungen zur Verfügung stehen.
Nehmen wir zur Veranschaulichung Textbeispiel (1) auf S. 6: Der Sprecher A, für den das Erteilen von Fahrplanauskünften zu den alltäglichen beruflichen Aufgaben gehört, braucht nicht jedesmal neu zu überlegen, wie er die gewünschten Informationen beschafft, wie er sie mitteilt und welche Formulierungen er dazu wählt..Er hat für dieses Gespräch ein mehr oder weniger festes H a n d l u n g s s c h e m a im Kopf, das er sich gar

nicht bewußt machen muß. Er kann voraussetzen, daß auch der anrufende Kunde dieses Handlungsschema kennt. Alle Beteiligten gehen davon aus, daß in der gegebenen Situation nach einem solchen Schema gehandelt wird; es ist für sie die erwartbare Normalform (Kallmeyer/Schütze 1976). Das Auskunftsgespräch läuft daher sehr routiniert ab: Die Abfolge der einzelnen Sprecherbeiträge, die Sequenzstruktur, ist mit dem zentralen Handlungsschema „eine Auskunft erbitten/erteilen" weitgehend vorgegeben, und A braucht nicht mehr umständlich nach Formulierungen zu suchen, um die Information zu geben. Das drückt sich auch in dem einfachen Satzbau aus (besonders in den Zeilen 6 und 7).

Der Sprecher steht in diesem Fall also vor ihm bekannten Problemen, die er mit bewährten Lösungen und Formulierungen bewältigen kann. Es geht hier um ein routiniertes Bewältigen von Aufgaben, für das es eine Reihe fertiger Redemuster gibt; man kann sie als eingespielte – man sagt auch: habitualisierte – Lösung von Formulierungsproblemen auffassen (Antos 1982, 167).

Funktion

Routinierte Gesprächsabläufe haben einen großen Vorteil für die Sprecher, aber auch für Hörer: Die sprachliche Gestaltung der Information wird einfacher, die Sprechenden werden dadurch entlastet und können sich ganz auf den Zweck des Gesprächs, die Übermittlung der Fahrplandaten usw., konzentrieren. Auf der anderen Seite wissen die Hörer, bei welchen Wörtern die wichtigen Informationen kommen.

Man könnte auch annehmen, der institutionelle Situationszusammenhang (Zugauskunft durch eine Amtsperson) sei die eigentliche Ursache für das stark routinierte Sprachverhalten. Dem widerspricht jedoch die alltägliche Sprachpraxis: Routine spielt auch außerhalb von Institutionen eine wesentliche Rolle. Man denke nur an Gesprächstypen wie Wegauskünfte oder Einkaufsdialoge mit ihren „bewährten" Ablaufmustern (Wunderlich 1978, Franke 1985).

Erweiterung

Es lassen sich aber noch viele andere Situationen vorstellen, in denen sprachliche Routinen häufig vorkommen: zum Beispiel bei der Signalisierung einer Meinungskundgabe:
– „Ich finde, daß ...",
– „meiner Meinung nach",
– „ich sehe das so: ...",
– „ich stehe auf dem Standpunkt..."
oder bei der Sicherung des Verständnisses:
– „Ist das so weit klar?",
– „wie bitte?"
oder wenn ein Sprecher den anderen unterbrechen will:
– „Wenn ich hier mal kurz unterbrechen darf",
– „Moment ...",
– „ja, aber ...",

Überall dort, wo wir es mit wiederkehrenden Gesprächssituationen zu tun haben oder bestimmte Standardaufgaben zu bewältigen sind, können die Sprecher auf feste Ausdrucksmuster zurückgreifen. Ohne diese „sprachlichen Fertigteile" wäre Verständigung fast unmöglich; sie sorgen für Entlastung, Flüssigkeit des Sprechens und für Sicherheit im Verhalten.

Damit wird auch die Bedeutung von Routinen für den Fremdsprachenunterricht verständlich: Sie helfen den Lernenden, einen Gesprächsablauf zu strukturieren und ohne größere Formulierungsprobleme sprachlich zu reagieren; das ist ja auch das Ziel der meisten Übungsprogramme im Fremdsprachenunterricht. Das routinierte Verfügenkönnen über vorgeprägte Wendungen und Formeln führt so – wie Coulmas (1985, 60) es ausdrückt – zu einer Entlastung der Konstruktionskomponente: „Während eine Routineformel oder ein anderes derartiges Fertigteil als Ganzes abgerufen und quasi-automatisch artikuliert wird, hat die Konstruktionskomponente Zeit zur Planung des nächsten Äußerungsteils."

Das folgende literarische Beispiel zum Thema „Zugauskunft" zeigt, wie Routinen einen ganzen Gesprächsablauf bestimmen können:

»Ich möchte nach Stock.«

Sie fahren mit dem Fernschnellzug um 6 Uhr 2.
Der Zug ist in Alst um 8 Uhr 51.
Sie steigen um in den Schnellzug nach Teist.
Der Zug fährt von Alst ab um 9 Uhr 17.
Sie fahren nicht bis nach Teist, sondern steigen aus in Benz.
Der Zug ist in Benz um 10 Uhr 33.
Sie steigen in Benz um in den Schnellzug nach Eifa mit dem Kurswagen nach Wössen.
Der Schnellzug nach Eifa fährt ab um 10 Uhr 38.
Der Kurswagen wird in Aprath abgehängt und an den Schnellzug Uchte–Alsenz gekoppelt.
Der Zug fährt in Aprath ab um 12 Uhr 12.
Ab Emmen fährt der Zug als Eilzug.
Sie fahren nicht bis nach Wössen, sondern steigen um in Bleckmar.
Der Zug ist in Bleckmar um 13 Uhr 14.
In Bleckmar können Sie sich umsehen bis 15 Uhr 23.
Um 15 Uhr 23 fährt von Bleckmar ein Eilzug ab nach Schee.
(Dieser Zug verkehrt nicht am 24. und 25. 12. und führt nur sonntags 1. Klasse.)

Handke (1969), 16

a) Gibt es Parallelen zwischen Beispiel 1 und Beispiel 2? (Berücksichtigen Sie beim ersten Text nur den Mittelteil, das heißt, die Zeilen 3–11.)

_____

_____

_____

b) Wie wirken die einzelnen Informationen auf Sie? Würden Sie in Handkes Text von einem Dialog sprechen?

_____

_____

_____

Die Redebeiträge sind in dem zitierten Text sehr ungleich verteilt. Auf die einleitende Formulierung des Wunsches „*Ich möchte nach Stock.*" folgt – nach einer Pause (s. Leerzeile) und dem Sprecherwechsel – eine Flut von Detailinformationen. Einfache, monoton strukturierte Sätze werden aneinandergereiht. Der Adressat unterbricht nicht, er fragt nicht nach; er würde auch keine Gelegenheit dazu finden. Die Auskunft wirkt dadurch mechanisch, verselbständigt; der Hörer wird nicht mehr berücksichtigt.

In Handkes Text wird sprachliche Routine negativ dargestellt, sie verhindert individuelles Sprechen und schränkt die Verständigung zwischen Menschen stark ein. Allerdings kann man diese kritische Perspektive nicht einfach auf alltägliche, nichtliterarische Kommunikation übertragen. In der Alltagskommunikation hat, wie wir bereits gesehen haben, Routine auch andere, eher positive Funktionen. Zur Illustration dazu folgendes Auskunftsgespräch:

Beispiel 3

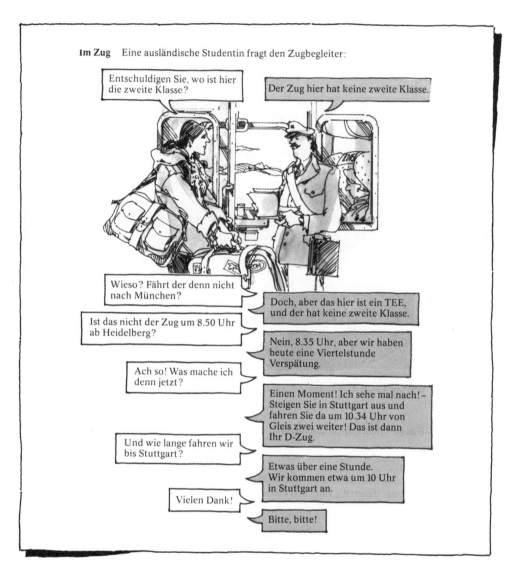

Vorderwülbecke/Vorderwülbecke (1986), 67

1.3 Sprachrituale

Im vorangegangenen Abschnitt haben wir festgestellt, daß man Routinen als relativ feste sprachliche Muster in bestimmten Gesprächssituationen fast automatisch einsetzt. Routinen helfen den Sprechenden, bestimmte kommunikative Aufgaben zu bewältigen. In diesem Abschnitt geht es nun um die Bedeutung und Funktion von Ritualen.

Betrachten wir dazu die Eröffnung und Beendigung von Gesprächen genauer. Auch diese Gesprächsabschnitte verlaufen normalerweise routiniert. Vergleichen Sie dazu die Textbeispiele 1 (S. 6), 4 und 5 (S. 11), und achten Sie darauf, welche Funktionen die Routinen in diesen Beispielen haben.

Anruf in einem Elektrofachgeschäft

(A: Angestellte, K: anrufender Kunde)

```
1     (Telefonsignal)
2 A:  firma x guten tag
3 K:  ja guten tag K äh ich hab ne frage unser
4     x-report nee: x-stereogerät ↑ zwohundert-
5     dreiundsechszig da is die automatiktaste
6     kaputt /... .../
7     wie lang dauert die reparatur ↓ un
8 K:  wann kann ich das vorbeibringen ↓
9 A:  einen moment mal bitte /... .../
      [... ...]
```

Jäger (1979), 70

Privater Anruf

(A ruft bei B an)

```
 1 B:  ja ↑
 2 A:  tag B hier is A
 3 B:  jo wie geht s denn so
 4 A:  naja wir hatten also kein umwerfendes
 5     wetter ...
 6 B:  ach nee auf der karte war doch ... schnee
          /... .../
 7 B:  rufsde dann mal an nächste woche ↑ wenn de
 8     zeit has ⏐
 9 A:  ja dann wissen mer auch wie s am wochen-
10     ende läuft ne ↑ bis jetz ne freitag kommt
11     noch keiner aber das is en bißchen ei ⏐
12     plötzlich jetz ne ↑
13 B:  ach du meins jetz morgen oder was
14 A:  ach ja morgen is freitag
15 B:  ich rede jetz von nächster woche
16 A:  nächste woche ⏐ da hammer noch gar nix vor
17 B:  da könner ja dann mal gucken bis dann ne
18 A:  bis dann
19 B:  tschöö
20 A:  tschüs
```

Brons-Albert (1984), 11 ff.
Die Transkription wurde den übrigen Beispielen angeglichen. Erläuterungen finden Sie auf
S. 100.

a) *Wie wurden die Telefondialoge 1, 4 und 5 jeweils eröffnet? Fassen Sie die einzelnen Gesprächszüge in dem folgenden Schema zusammen.*

Sprecher 1 (Anrufer)   *Sprecher 2*

_____

_____

                                         _____

                                         _____

                                         _____

_____

_____

_____

b) *Wie würden Sie das Gesprächsklima und die Beziehung zwischen den Teilnehmern charakterisieren? Auf welche sprachlichen Indikatoren stützen Sie Ihre Einschätzung?*

Sprachliche Indikatoren   *Gesprächsklima*

Beispiel 1:

_____

_____

Beispiel 4:

_____

_____

Beispiel 5:

_____

_____

c) *Nach welchem Muster laufen Eröffnung und Beendigung von Telefondialogen in Ihrer Sprache ab? Vergleichen Sie mit den hier zitierten Beispielen.*

Sprecher 1   *Sprecher 2*

_____

_____

Sprecher 1	Sprecher 2
	_____
	_____
	_____
_____	
_____	

Kontakteröffnungen und -beendigungen sind im Rahmen der Gesprächsforschung vielfach untersucht worden (Berens 1981; Werlen 1984, 230ff.). Man findet im Deutschen für den Bereich der Institutionen eine Ablaufform, die man in einem sogenannten S e - q u e n z s c h e m a * wiedergeben kann:

Sprecher 1 (Anrufer):   Sprecher 2:

Schema 1

```
┌─────────────────────────────┐
│ GESPRÄCHSAUFFORDERUNG        │
│ - - - - - - - - - - - - - -  │
│ (Telefonklingeln)            │
└─────────────────────────────┘
```

```
                              ┌─────────────────────────────┐
                              │ SELBSTIDENTIFIKATION         │
                              │                              │
                              │ als Vertreter der            │
                              │ Institution (+ GRUSS)        │
                              │ - - - - - - - - - - - - - -  │
                              │ (Universität Köln, Schulz.   │
                              │ Guten Tag)                   │
                              └─────────────────────────────┘
```

```
┌─────────────────────────────┐
│ GRUSS                        │
│ SELBSTIDENTIFIKATION*        │
│            ↓                 │
│ Eröffnung des zentralen      │
│ Handlungsschemas             │
│ - - - - - - - - - - - - - -  │
│ (Guten Tag! Müller ist mein Name. │
│ Ich möchte wissen, ...)      │
└─────────────────────────────┘
```

Dieses Sequenzschema können Sie sowohl in Beispiel 1 als auch in 4 erkennen. Die Abfolge der einzelnen Schritte ist jedoch nicht starr festgelegt, die Gesprächsteilnehmer müssen sich nicht unbedingt daran halten; gewisse Abweichungen sind also durchaus möglich. Wesentlich flexibler und ausführlicher gestaltet sich dagegen die Eröffnung von Telefondialogen im privaten Bereich wie in Beispiel 5 (S. 11)

Kommentar

Schema 2

Sprecher 1 (Anrufer): **Sprecher 2:**

GESPRÄCHSAUFFORDERUNG
(Telefonklingeln)

SELBSTIDENTIFIKATION SIGNALISIERUNG VON GESPRÄCHSBEREITSCHAFT
(Schwarz/ Ja/ Hallo)

GRUSS GESPRÄCHSAUFFORDERUNG
(Grüß dich Petra, hier ist Werner)

(GRUSS) WOHLERGEHENSFRAGE
(Hallo Werner, wie geht's?)

EINGEHEN AUF WOHLERGEHENSFRAGE
(Nicht schlecht, ich habe ein tolles Wochenende hinter mir)

FORTSETZUNG DER ERKUNDIGUNG NACH DEM WOHLERGEHEN ERÖFFNEN EINES ANDEREN HANDLUNGSSCHEMAS
(... und wie geht's dir?/ Du, ich möchte dich etwas fragen...)

(Die Schweifklammern { } weisen auf Wahlmöglichkeiten hin.)

a) Funktionen

Aspekt 1

Diese Eröffnungssequenzen haben mehrere Funktionen: Sie ermöglichen zunächst einmal ein Gespräch, indem sie die ersten Schritte einleiten. Gleichzeitig zeigen sie aber auch den Beteiligten, ob und wie zugänglich der jeweilige Gesprächspartner ist, ob er die Kommunikation überhaupt will. Darüber hinaus erfüllen die Eröffnungssequenzen noch eine andere wichtige Aufgabe: Sie sagen uns etwas über die soziale Ordnung, in der die Gesprächspartner leben und über die Art und Weise, wie sie sich zueinander verhalten: zum Beispiel, wie sie ihre gegenseitige Wertschätzung ausdrücken (*„es freut mich, Sie zu sehen/hören"*). Die Kommunikationspartner bringen mit dem Gebrauch der betreffenden Formeln zum Ausdruck, daß sie diese Ordnung respektieren und aufrechterhalten. Jetter (1978, 116f.) hat diese Funktion in anderem Zusammenhang als „symbolischen Mehrwert" bezeichnet. Er meint damit Handlungen oder Handlungssequenzen, die in diesem Sinn über sich hinausweisen, nämlich auf ein

bestimmtes Ordnungs- oder Wertesystem. Wir nennen diese Formeln im folgenden R i -
t u a l e . Sie stellen eine Unterklasse von Routinen dar, denen kein Zweck-Mittel-Ver-
hältnis im üblichen Sinne zugrunde liegt:

> „Rituale als muster expressiven, nicht technischen, instrumentalen handelns sind
> nicht bestimmt durch zweck-mittel-relationen (wie z.b. im frühjahr kartoffeln
> pflanzen, um sie im herbst zu ernten) verweisen als symbolische handlung wieder
> auf etwas anderes, das in der form und im inhalt einer szenischen darbietung bei
> der aufführung eines rituals mitpräsent ist; in einem ritual können teilnehmer
> durch die tatsache ihrer teilnahme repräsentierte wertsysteme und machtverhält-
> nisse anerkennen."

Hartmann (1973), 140

b) Konventionalität

Aspekt 2

Die Verbindung der einzelnen Kommunikationsschritte im Ritual – vergleichen Sie
dazu die Sequenzschemata 1 und 2 – ist weitgehend konventionell festgelegt; die Teilnehmer verfolgen damit keinen unmittelbaren Zweck. Im Gegensatz dazu kann man bei
einem Handlungsschema wie ‚eine Auskunft erbitten/erteilen' trotz des routinierten
Ablaufs nicht einfach von einer Konventionsbefolgung sprechen. Die Sprecher verwenden die betreffende Normalform (z.B. ein routiniertes Handlungsschema) vor allem
deshalb, weil sie ein bestimmtes Ziel, zum Beispiel die Auskunft, erreichen wollen und
weil sie wissen, daß sie ihr Ziel auf diese Weise besonders schnell und einfach erreichen
können. Es handelt sich also um ein zweckmäßiges und ökonomisches Verfahren. Man
nennt das auch ein „habituelles Lösungsmuster": Die Sprecher kennen den wahrschein-
lichen Verlauf des Gesprächs und verwenden fast automatisch und routiniert bestimmte sprachliche Muster. Darin liegt auch der Unterschied zwischen rituellen und nicht-
rituellen Kommunikationsroutinen begründet.

Auch im Schlußteil der Gespräche (wie in den Beispielen 1 und 4) finden wir rituell festgelegte Sequenzen: Die Eröffnungs- und Beendigungssequenzen haben hier die Funktion von rituellen Klammern der Kommunikation. (Auch die Anrede- und Höflich-
keitsformen des Gesprächs kann man zu den Ausdrücken mit vorwiegend ritueller
Funktion rechnen; mehr darüber erfahren Sie in Kapitel 3 und 5.)

c) Die Beziehungsebene

Aspekt 3

Noch ein anderer Aspekt ist wichtig, vor allem für den Fremdsprachenunterricht: Mit
einem Gesprächsritual wie zum Beispiel der Eröffnungssequenz in Beispiel 1, 4 und 5
bestätigen die Sprecher nicht nur global und abstrakt die Gültigkeit einer sozialen Ordnung oder bestimmter I n t e r a k t i o n s n o r m e n *; gleichzeitig wird immer auch die
Beziehungsebene mitgestaltet (Sandig 1986, 306f.; Kühn 1984, 187ff.). In der Kommunikation müssen sich die Sprecher beim Austausch ritueller Formeln jeweils für eine
ganz bestimmte entscheiden; oder anders ausgedrückt: Sie haben einen gewissen Spiel-
raum bei der Durchführung des Rituals. Welche Formeln die Partner wählen, beeinflußt
dann jedenfalls auch ihre Beziehung. Mit ihrer Wahl geben sie zu erkennen, „wie sie sich
in der folgenden Interaktionseinheit behandeln wollen" (Gülich/Henke 1980, 7).
Nehmen wir als Beispiel einmal an, anstelle eines eher förmlichen „guten Tag" sagt ein
Sprecher in der Eröffnungsphase eines Telefonats emphatisch „grüß dich Peter".
Auf diese Weise gibt er dem Partner einerseits zu verstehen, daß er die üblichen Inter-
aktionsregeln achtet („man eröffnet ein Gespräch durch einen Gruß"); andererseits signalisiert er damit außerdem, für wie vertraut er das Verhältnis ansieht, welche Wertschätzung er ausdrücken möchte, wie freundlich er gestimmt ist oder welche Position er
dem aktuellen Hörer gegenüber einnehmen will (Schema 3): Die Formel „grüß Dich"
verwendet man unter Freunden, sie wird auch nur in der 2. Person Singular oder Plural
verwendet. In Kombination mit dem Vornamen drückt sie eine sehr freundliche Haltung und eine positive Einstellung dem Angesprochenen gegenüber aus.

Schema 3

Eröffnung:

GRUSS

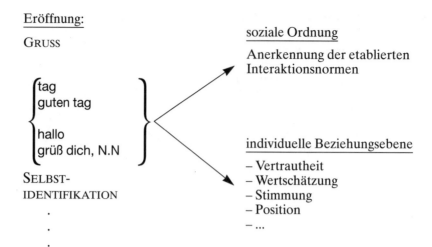

tag
guten tag

hallo
grüß dich, N.N

soziale Ordnung

Anerkennung der etablierten
Interaktionsnormen

individuelle Beziehungsebene

– Vertrautheit
– Wertschätzung
– Stimmung
– Position
– ...

SELBST-
IDENTIFIKATION
.
.
.

Aufgabe 4

> *Beurteilen Sie die folgenden Begrüßungsformeln in bezug auf die Kriterien*
>
> *– Grad der Vertrautheit (V),*
> *– Wertschätzung (W),*
> *– Stimmungslage (S),*
> *– Positionsunterschiede (P).*
>
> *(5 = sehr groß/ hoch/ gut*
> *0 = nicht groß/nicht hoch/nicht gut)*
>
> | | V | W | S | P |
> |---|---|---|---|---|
> | *tag* | | | | |
> | *guten tag* | | | | |
> | *hallo* | | | | |
> | *grüß dich* | | | | |

Problem

Aus diesen verschiedenen Funktionen der Begrüßungsformeln können sich für Deutschlernende einige Probleme ergeben, zum Beispiel dann, wenn bestimmte rituelle Muster sehr verschieden im Vergleich zur Ausgangskultur ablaufen.

Auch die Regelung der Beziehungsebene ist oft mit Schwierigkeiten verbunden, da die Verwendung von Formen, die sich in beiden Sprachen entsprechen, nur bedingt möglich ist. Selbst ein so übliches und universell erscheinendes Ritual wie die Gesprächseröffnung kann Verunsicherung auslösen, wenn die Sequenzstrukturen voneinander abweichen, Das hat zum Beispiel Godard (1977) an französischen und amerikanischen Telefondialogen demonstriert.

Literaturhinweis

Eine erste allgemeine Übersicht zu solchen interkulturellen Unterschieden gibt Coulmas (1981, 140 ff.); er untersucht – mit Blick vor allem auf deutsche und japanische Routineformeln – die Verbalisierung folgender Aktivitäten: Grüßen und Vorstellen, Danken und Entschuldigen, Glückwünschen, Kontakteröffnung, Austausch von Eß- und Trinkformeln.

d) Verlust der wörtlichen Bedeutung

Aspekt 4

Schließlich kommt bei der Analyse der Rituale – so wie sie hier definiert wurden – noch eine sprachliche Besonderheit hinzu: Die betreffenden Ausdrücke haben ihre wörtliche

Bedeutung weitgehend verloren. Niemand käme beispielsweise auf die Idee, die vor allem unter Jugendlichen sehr gebräuchliche Verabschiedungsformel „mach's gut" auf eine konkrete Handlung zu beziehen. Sie ist Teil des Abschiedsrituals und wird meistens gleichbedeutend mit „Auf Wiedersehen" oder „tschüs" verwendet. Diese für die Sprachteilnehmer selbstverständliche Bedingung zu mißachten oder in Frage zu stellen, kann in der Kommunikation zu erheblichen Schwierigkeiten führen.

Garfinkel (1967, 44) hat dies mit den vielzitierten „Krisenexperimenten"* eindrucksvoll belegt:

wissenschaftliche
Erklärung

The victim waved his hand cheerily.

S: How are you?

E: How am I in regard to what? My health, my finances, my school work, my peace of mind, my ...?

S: (red in the face and suddenly out of control) Look! I was just trying to be polite. Frankly, I don't give a damn how you are!

(S = student, E = experimenter)

(Übersetzung):

Das Opfer winkte freundlich.

S: Wie steht's?

E: Wie steht es mit was? Meiner Gesundheit, meinen Geldangelegenheiten, meinen Aufgaben für die Hochschule, meinem Seelenfrieden, meinem ...

S: (Rot im Gesicht und plötzlich außer Kontrolle) Hör zu. Ich unternahm gerade den Versuch, höflich zu sein. Offen gesprochen kümmert es mich einen Dreck, wie es mit dir steht.

(S = Student, E = Experimentator).

Garfinkel (1973), 207

Indem E die Äußerung von S wörtlich nimmt, ignoriert er die stillschweigend gemachte Voraussetzung, daß mit „how are you?" normalerweise keine wörtliche Interpretation (als Frage) verbunden wird, und verläßt somit die gemeinsame Interaktionsbasis. S reagiert auf diesen Bruch einer Normalitätserwartung mit deutlicher Verärgerung. Eine Normalisierung, eine „Heilung" der Situation kann dann nur auf der Metaebene erfolgen (zum Beispiel indem E erklärt, es habe sich um ein Experiment gehandelt, das die Funktion von „how are you?" als eine nicht wörtlich zu nehmende Höflichkeitsformel offenlegen und bewußt machen soll).

In der Literatur wird gewöhnlich zwischen verschiedenen Ritualtypen unterschieden. Ich gehe darauf nicht näher ein und fasse die bisher behandelten Formen rituellen Sprachgebrauchs (Aspekte 1–4) ganz allgemein als R i t u a l e   i m   w e i t e r e n   S i n n zusammen. Unter R i t u a l e n   i m   e n g e r e n   S i n n verstehe ich dagegen Handlungen oder Handlungssequenzen, die zusätzlich an bestimmte Institutionen gebunden sind (wie z.B. Taufakte oder Gerichtsurteile) und für deren Vollzug in der Regel schriftlich fixierte Anweisungen vorliegen (Lüger 1983). Als dritte Gruppe wären noch R i t u a l i -

sierungen zu nennen: Fälle sprachlichen Handelns, wo auf vorgeprägte Sprachmuster wie Gemeinplätze, Maximen oder ähnliches zurückgegriffen wird, um zum Beispiel eine individuelle, in der konkreten Situation geforderte oder erwartete Antwort zu umgehen (zum Beispiel „*Was ich nicht weiß, macht mich nicht heiß*").

Aufgabe 5

Bestimmen Sie in Stichworten den Unterschied zwischen Routine und Ritual.

Routine   *Ritual*

2 Sprache und kulturelles Wissen

> „Ein- und ausschlüpfen
> in Sprachen, aus Sprachen.
> Pendelfahrt zwischen den Welten."

Apatride, Jean, in: Ackermann (1982), 23

Überblick

Wer eine Fremdsprache lernt, kann der Vorstellung Apatrides von der „Pendelfahrt zwischen den Welten" einen durchaus positiven Aspekt abgewinnen: Das Bild veranschaulicht die Fähigkeit, sich zwischen den Kulturen zu bewegen und beim Wechsel von der Muttersprache zur Zielsprache einen Übergang zur anderen Kultur zu vollziehen. Um diesen Sprach- und Kulturwechsel geht es auch in diesem Kapitel: Wir beschäftigen uns zunächst mit dem Verhältnis zwischen Sprache und Kultur und zeigen dann anhand von Beispielen auf verschiedenen sprachlichen Ebenen, wie wichtig kulturspezifische Voraussetzungen für das Herstellen und Verstehen von Texten sind. Auf die didaktischen Konsequenzen, die sich daraus ergeben, gehe ich im zweiten Teil des Kapitels ein.

2.1 Braucht man landeskundliches Wissen für die Alltagskommunikation?

In diesem Abschnitt geht es um die Frage, ob auch zum Verständnis alltäglicher Kommunikation kulturelles Wissen nötig ist. Die Beantwortung dieser Frage ist für den Fremdsprachenunterricht unmittelbar interessant: Sie gibt Hinweise darauf, ob wir beim Sprachunterricht immer auch Landeskunde berücksichtigen müssen oder ob Sprache kulturneutral vermittelt werden kann.

Beispiel 6

Ebene 1: Alltagsbegriffe und kulturelles Wissen

Monika fährt in die Stadt.
Sie will einkaufen und vielleicht jemanden *besuchen*.
Zuerst geht sie in ein Kaufhaus.
Dort möchte sie einen Pullover und eine Bluse *kaufen*.

Hieber (1983), 90

Aufgabe 6

a) *Nehmen wir an, der Wortschatz in Beispiel 6 sei Ihren Schülern bekannt. An welchen Stellen könnten trotzdem noch Mißverständnisse auftreten? Unterstreichen Sie die Ausdrücke, für die aus Ihrer Sicht zum angemessenen Verständnis zusätzliche landeskundliche Informationen notwendig wären.*

b) *Wie würden Sie diese schwierigen Stellen im Unterricht behandeln?*

_____

_____

_____

_____

Eine einschränkende Bemerkung vorweg. Für Deutschlernende aus den Niederlanden oder aus Dänemark dürfte der Lehrbuchausschnitt kaum Verständnisbarrieren aufweisen: Er ist inhaltlich losgelöst von einem konkreten Situationszusammenhang, so daß Unterschiede im Vergleich zur eigenen Erfahrungswelt nicht sichtbar werden. Es scheint so, als könne man diesen Text auch ohne Kenntnis seiner kulturellen Voraussetzungen problemlos verstehen. Das entspricht auch einem gängigen und fächerübergreifenden Trend in der Lehrbuchgestaltung: Die einzuführenden „formalsprachlichen Strukturen werden mit Inhalten verbunden, die so weit verallgemeinert sind, daß jede westeuropäische Kultur sie als die eigenen wiedererkennen kann" (Firges/Melenk 1982, 6).

Wenn auch der Text nicht direkt auf die gesellschaftliche Wirklichkeit Bezug nimmt, kann man trotzdem nicht sagen, er sei „kulturneutral"; er enthält eine ganze Reihe impliziter landeskundlicher Hinweise, die für den Leser einer entfernten Kultur nicht selbstverständlich sind und deshalb durchaus problematisch oder fremd sein können. Um die in Beispiel 6 zitierten Äußerungen verstehen zu können, muß man zum Beispiel wissen, worauf sich ein Begriff wie *„Kaufhaus"* konkret bezieht, was *„jemanden besuchen"* im einzelnen bedeutet, usw. Das heißt, der Leser muß in der Lage sein,
– die dargestellten Situationen als Teil einer spezifischen gesellschaftlichen Praxis zu begreifen (Wie ist der Warenaustausch in diesem Land organisiert? Wo kann ich beispielsweise Textilien kaufen...? Wie „funktionieren" die Kontakte zwischen den Menschen? Welche Konventionen sind zu beachten...? Wann ist in Deutschland das unverbindliche *„vielleicht besuchen"* möglich? Kann ich in Deutschland unangemeldet jemanden besuchen? Wann ja, wann nein?),
– ihren jeweiligen Stellenwert richtig einzuschätzen (Was unterscheidet das *„Kaufhaus"* vom *„Laden"* oder vom *„Markt"*? Wie hängen Bekanntheitsgrad und *„jemanden besuchen"* zusammen...?) und
– den Unterschied im Vergleich zur eigenen Erfahrungswelt zu erkennen.

Wie ausführlich man auf diese Aspekte eingeht, hängt von den jeweiligen Unterrichtsschwerpunkten ab: Man kann
– erarbeiten, was ein bestimmter Begriff – zum Beispiel „Abiturient" – in der Kultur der Fremdsprache bedeutet (Rekonstruktion des kulturspezifischen Alltagswissens): Was ist ein Abitur? Wie alt ist ein Abiturient normalerweise? Was wird er wahrscheinlich in der nächsten Zeit tun? usw.,
– die Bedeutungen in der eigenen und der fremden Sprache miteinander vergleichen und auf diesem Wege die „‚hinter' den Wörtern stehenden gesellschaftlichen Verhältnisse" thematisieren (Müller 1980, 116),
– einen ausgewählten Bereich systematisch erschließen (zum Beispiel das Ausbildungssystem, die Versorgung mit Konsumgütern oder das Medienangebot) – wenn man mehr Zeit für solche landeskundlichen Untersuchungen zur Verfügung hat.

Bereits die elementaren sprachlichen Einheiten bieten Anknüpfungspunkte, wenn man kulturspezifische Momente der Sprache im Unterricht behandeln und auf diesem Wege landeskundlich arbeiten will. Diese Form der Landeskunde, die schon auf der Ebene der Wortbedeutung ansetzt, ist insbesondere dann wichtig, wenn zwischen dem deutschen Alltag und dem der Lernenden erhebliche Unterschiede liegen und die Gefahr besteht, daß die Vorstellungen der Ausgangskultur direkt auf die Zielkultur übertragen werden. Als Ergänzung eines Lehrbuchtextes, der den kulturbezogenen Aspekt von Sprache nicht berücksichtigt, sind also entsprechende Erläuterungen der Wortbedeutungen nötig, damit – wie etwa Reinbothe (1986, 250 f.) am Beispiel chinesischer Lerngruppen fordert – „die deutsche Sprache in bezug auf den deutschen Alltag gelernt werden kann."

Die Studieneinheit *Wortschatzarbeit und Bedeutungsvermittlung* zeigt Ihnen, wie Sie schon bei der Wortschatzvermittlung landeskundliches Wissen einbeziehen können.

Ebene 2: Komplexe sprachliche Formen: Redewendungen, Routineformeln und vorgefertigte Satzmuster

Wie der Lehrbuchausschnitt auf S. 19 zeigt, setzt die richtige Einordnung von Alltagsbegriffen oft Kenntnisse voraus, die über das reine Sprachwissen hinausgehen. Entsprechendes gilt natürlich auch für komplexere Spracheinheiten: Auch hier brauchen wir oft zusätzliche Informationen. Die Beispiele 8 bis 12 machen das deutlich. Wie schnell im allgemeinen abweichende Normen und D e u t u n g s m u s t e r * zum interkulturellen Mißverständnis werden können, illustriert das folgende Beispiel:

Beispiel 7

> *„Zwischen einem deutschen und einem ausländischen Arbeiter kam es fast zu einer Prügelei, weil letzterer die Redensart **Da hast du aber Schwein gehabt** nicht richtig verstand und als Beschimpfung auffaßte."*

Daniels (1985), 152

Kommentar

Das Mißverständnis hat seine Ursache vor allem darin, daß der ausländische Teilnehmer die idiomatische Wendung *„Schwein gehabt haben"* (mit der ungefähren Bedeutung: noch einmal ohne Schaden davongekommen sein) nicht kennt. Dadurch wird die Äußerung falsch segmentiert und im Sinne einer wörtlichen Entsprechung verstanden. Das widerspricht einer wesentlichen Eigenschaft idiomatischer Ausdrücke: Die wörtliche Interpretation der Bestandteile gilt nicht mehr, der Benutzer nimmt hier nicht Bezug auf ein Objekt, das etwa von einem Nomen (wie *„Schwein"*) normalerweise bezeichnet wird; man kann daher auch von einer Neutralisierung der Referenz, von einer Demotivation der Konstituenten sprechen (Gréciano 1982). Der zweite Schritt besteht dann in der Übertragung der negativen Bewertung, mit der das Lexem *„Schwein"* in der eigenen Kultur verknüpft ist (im Deutschen dagegen hat das Schwein in bestimmten Kontexten sogar die Rolle eines Glücksbringers). Dies alles führt schließlich dazu, eine wohl eher positiv gemeinte Stellungnahme als Beleidigung zu verstehen.

Die Materialien auf den nächsten Seiten (Beispiel 8 – 12) machen ebenfalls deutlich, wie wichtig das fremdkulturelle Wissen für das Verstehen fremdsprachlicher Äußerungen ist. Die Gefahr ist dabei groß, daß man die Voraussetzungen der eigenen Kultur auf die fremde überträgt. Im Unterschied zu den Beispielen 6 und 7 enthalten die Texte 8 – 12 komplexere sprachliche Einheiten, angefangen bei vorgeprägten Satzmustern bis zu rituellen Handlungssequenzen.

Aufgabe 7

Lesen Sie die folgenden Texte genau durch, und überlegen Sie, wo eventuell zusätzliche Informationen zum Verstehen benötigt werden.

a) Worauf spielt im Beispiel 8 auf S. 22, einem Aufkleber, die Formulierung „Kinder haften für ihre Eltern" an?

_____

_____

_____

b) Gibt es in Ihrer Sprache/Kultur Entsprechungen zu den sozialen Stereotypen in Beispiel 9 (S. 23)?

_____

_____

_____

c) Welchen landeskundlichen Aspekt sehen Sie in Beispiel 10?

_____

_____

_____

d) Worin liegt genau die interkulturelle Schwierigkeit beim Gebrauch der in Beispiel 11 angesprochenen Routineformeln?

_____

_____

_____

e) Zu Beispiel 12: Wie wird in Ihrem Deutsch-Lehrbuch das Thema ‚Geburtstag' abgehandelt? Welche Glückwunschformeln gibt es? Was gehört zu einer Geburtstagsfeier?

_____

_____

_____

f) Wie würden Sie sich anstelle des (türkischen) Verfassers in Beispiel 12 verhalten? Wie finden Sie das Verhalten seiner Bekannten?

_____

_____

_____

Beispiel 8

(a) Auf der Mutter Schoß werden die Kinder groß.

(b) Ein Mann ein Wort, eine Frau ein Wörterbuch.

(c) Wer sein Weib regieren kann, ist fürwahr ein ganzer Mann.

(d) Eine Frau ohne Mann ist wie ein Fisch ohne Fahrrad.

Daniels (1985a)

unbestimmte zahlwörter

alle haben gewußt
viele haben gewußt
manche haben gewußt
einige haben gewußt
ein paar haben gewußt
wenige haben gewußt
keiner hat gewußt

Wiemer (1971), 12

Während hierzulande der Gastgeber mit »Guten Appetit« ein Anfangssignal bei Tische setzt, fangen die Dänen ohne ein solches Zeichen mit dem Essen an. Dagegen existiert für das Ende des Mahls eine feste Formel, deren Ausbleiben leicht als Affront gewertet wird, auch wenn man's bloß nicht besser weiß.

Doch damit nicht genug: »Sieht man den Gastgeber am nächsten Tag wieder oder auch erst nach einigen Tagen, Wochen, ja sogar Monaten, wird auf jeden Fall erwartet, daß man sich nochmals für das zurückliegende Beisammensein mit einer ritualisierten Dankesformel bedankt«. Die feste Wendung, auf die es dabei ankommt, ist eigentlich unübersetzbar, weil es kein deutsches Gegenstück gibt, würde aber so etwa einem »Danke für das letzte Mal« entsprechen und wird mittlerweile in Dänemark sogar als fester Bestandteil des Grußes verwendet.

Reutlinger General-Anzeiger (30.12.1986)

Nach jeder Geburtstagsfeier in Deutschland, zu der ich eingeladen worden bin, ist es das gleiche Theater. Seit einiger Zeit nehme ich Geburtstagseinladungen überhaupt nicht mehr an, weil ich ganz genau weiß, daß der bekannte Fragesturm mich wieder schüttelt, wenn ich hingehe.
- Warum feierst du denn deinen Geburtstag nicht?
- Soviel brauchst du wirklich nicht zu sparen.
- Willst du in kürzester Zeit in die Türkei zurückkkehren?
- Wird in der Türkei kein Geburtstag gefeiert? Warum nicht?
Ich habe jedesmal eine andere Antwort gegeben. »Ich mag nicht«, habe ich gesagt, »daß wir uns nur wegen des Geburtstags treffen.« Ich habe gesagt, »Geburtstagfeiern ist eine Erfindung der Konsumgesellschaft; wenn wir uns treffen wollen, so brauchen wir doch keinen Grund«. Es hat alles nichts genützt.

Dikmen, in: Ackermann (1982), 51

Für die Interpretation der Aussagen lassen sich ganz unterschiedliche landeskundliche Daten heranziehen.

Vorgefertigte Satzmuster: Der Text in Beispiel 8 kann einem ausländischen Betrachter selbst dann merkwürdig oder verwirrend vorkommen, wenn ihm die Diskussion um die Sicherheitsrisiken der Atomenergie bekannt ist. Warum der Hinweis, Kinder müßten anstelle ihrer Eltern mit Strafe rechnen, wo es doch primär um eine Warnung vor den mit Atomkraftwerken verbundenen Gefahren geht? Die Wahl der Formulierung wird jedoch verständlich, wenn man in ihr eine Abwandlung von „Eltern haften für ihre Kinder" erkennt. Diesen Standardsatz findet man auf vielen Verbotsschildern; die Anspielung auf Bekanntes bewirkt beim Betrachter eine höhere Aufmerksamkeit.

Sprüche und Typisierungen: Auch die Sätze in Beispiel 9 sind keine Zufallsformulierungen, sondern geben mehr oder weniger etablierte Einstellungen zum Rollenverhalten von Männern und Frauen wieder: zur Erwartung, daß für die Kindererziehung nur die Frau zuständig ist (a), dem Vorurteil der weiblichen Schwatzhaftigkeit (b), der Vorrangstellung des Mannes in der Familie (c). Inwieweit die vorgeprägten Satzmuster irgendwelche „Volksweisheiten" zum Ausdruck bringen oder „allgemein verbreitete Dummheiten, Vorurteile und Ressentiments" (Coulmas 1981, 60), brauchen wir hier nicht zu diskutieren. Jedenfalls drücken sich in diesen Satzmustern Typisierungen und Verhaltensnormen aus, wie sie für bestimmte soziale Gruppen zu einer bestimmten Zeit von Bedeutung sind oder waren; sie bleiben also nicht gleich, sondern ändern sich bei gesellschaftlichen Veränderungen, und sie können laufend durch neue Formelprägungen (d) ergänzt oder korrigiert werden: Dieser Spruch stammt aus der Frauenbewegung; er hat auf witzige, paradoxe Weise die Unabhängigkeit von Frauen als Thema.

Routineformeln: Zu sehr unterschiedlichen Deutungen führt Textbeispiel 10. Entscheidend sind dabei die kulturellen Voraussetzungen der Lernenden und nicht der spezifische historische Hintergrund des Gedichts. Dies geht aus einem Interpretationsvergleich von Neuner (Neuner 1986a, 27 ff.) hervor: Mehrere ausländische Teilnehmer eines Deutsch-Seminars erhielten den Text und sollten Stellung dazu nehmen; in der Auswertung zeigte sich, daß die Teilnehmer den Sinn des Textes verschieden deuteten: einige entdeckten eher philosophische, andere wiederum theologische oder gesellschaftspolitische Aussagen darin.

Eine indonesische Studentin schreibt z. B.:

„‚Wissen' in diesem Gedicht bezieht sich auf das Leben und Kenntnisse der Menschen. Alle – viele – manche usw. sind Menschen, die für ihr Leben kämpfen, aber sie wissen nicht, wie lange sie leben. Um ihre Wünsche im Leben zu erfüllen, ist die Kenntnis für sie von großer Bedeutung. Sie versuchen mit ihrer Kenntnis die Welt zu kennen. Aber die Welt ist zu groß. Wenn sie ihren Wunsch nicht erfüllen können, genießen sie das Leben nicht und denken an die andere Welt, da sie überhaupt nicht wissen, wann ihr Leben zu Ende ist."

Ein türkischer Teilnehmer orientiert sich dagegen an einem konkreteren Bezugspunkt aus der eigenen Kultur:

„Das ist politisch gemeint. Zum Beispiel: Am Anfang haben alle Menschen gewußt, wenn ein Land durch die Militärregierung führt, wenn diese Militärregierung nicht gut ist, und die Leute wissen, daß diese Militärregierung nicht gut ist (am Anfang). Aber später oder am Ende können sie das nicht erklären, weil sie vor der Militärregierung Angst haben. Deswegen am Anfang alle haben gewußt, aber am Ende keiner hat gewußt."

Deutsche Leser deuten das Gedicht wahrscheinlich historisch und beziehen es auf die Zeit des Nationalsozialismus. Die Entschuldigungsformel „keiner hat gewußt" in der Schlußzeile wurde und wird von vielen Deutschen benutzt, um sich allgemein gegen den Vorwurf zu verteidigen, sie seien Mitwisser oder Mittäter gewesen. Die Gegenüberstellung zu „alle haben gewußt" unterstreicht diese historische Deutung zusätzlich und weist darauf hin, daß der Autor eine kritische Position zu dieser Frage einnimmt. Das ist bestimmt nicht die allein richtige Interpretation. Ein Leser, der den historischen Zusammenhang und die entschuldigende Formel „davon habe ich nichts gewußt" jedoch nicht kennt, wird diesen wichtigen, kritischen Aspekt des Textes nicht bemerken.

<u>Rituale:</u> Wenn man bestimmte rituelle Formen ignoriert oder falsch anwendet, so führt das unter Umständen zu erheblichen Schwierigkeiten in der Beziehung zwischen den Kommunikationspartnern. Das kann zum Beispiel passieren, wenn jemand die üblichen Tischformeln in einer Kultur nicht beachtet (Beispiel 11), wenn man in Deutschland jemandem nicht zum Geburtstag gratuliert oder wenn man es überhaupt ablehnt, den Geburtstag – ein wichtiges Ritual der Geselligkeit – zu feiern (Beispiel 12). Solche und ähnliche Verhaltensweisen werden leicht als Ablehnung der Normen verstanden, die in einer Gruppe oder in einer Gesellschaft gültig sind. Dadurch fühlen sich oft auch die Gruppenmitglieder abgelehnt, die sich mit diesen Normen identifizieren. Wichtig ist also zunächst, daß man die soziale Funktion, die ein Ritual in einer Gemeinschaft hat, richtig einschätzen kann. Inwieweit man dann den Erwartungen entsprechen will, hängt natürlich ebenfalls davon ab, welches Verhältnis jemand zu der betreffenden Gruppe einnehmen möchte. Wer die Regeln der Rituale verletzt – soviel können wir jedenfalls schon feststellen –, muß mit ganz anderen Konsequenzen rechnen als jemand, der nur grammatische Regeln falsch anwendet.

Wir können nun die Einzelbeobachtungen zusammenfassen: Landeskundliche Bezüge sind – wie wir gesehen haben – auf allen sprachlichen Ebenen von Bedeutung. Sowohl bei einfachen Alltagsbegriffen als auch bei Redewendungen, Routineformeln und rituellen Handlungseinheiten braucht man für die Kommunikation neben dem Sprachwissen zusätzlich oft Informationen über den Funktions- und Verwendungszusammenhang dieser Sprachformen in der fremden Kultur. Da mit der Tendenz zur formelhaften Verfestigung zudem die wörtliche Bedeutung meist verblaßt, kommt es hier natürlich besonders darauf an, nichtsprachliches Wissen einzubeziehen; ohne solche Kenntnisse wäre ein situationsgerechtes Handeln nicht möglich.

Eine systematische Darstellung dieser Wissensbestände findet sich vor allem in den Arbeiten zur Kognitiven Psychologie und zur Künstlichen Intelligenz (so z.B. van Dijk 1977 und – mit Hinweisen zur Fremdsprachendidaktik – Quasthoff 1986). Im Mittelpunkt des Interesses steht dabei die Modellierbarkeit der Informationsverarbeitung: Wie ist das nichtsprachliche Wissen organisiert und wie läßt es sich beim Verstehen (oder Produzieren) von Texten aktivieren? Als mögliche Ordnungsstruktur seien nur kurz die sogenannten „frames" und „scripts" genannt.

Unter f r a m e s kann man sich bestimmte kognitive Rahmen (= frames) vorstellen, die diejenigen Wissenselemente zu einem Begriff gruppieren, die in einer Sprachgemeinschaft als typisch oder wesentlich angesehen werden. Wenn z.B. ein deutscher Sprecher das Wort „*Kaufhaus*" gebraucht (Beispiel 6), dann bezieht er sich in der Regel auf ein mehrgeschossiges Gebäude mit verschiedenen Kaufabteilungen, die in einer bestimmten Weise aufeinanderfolgen, in denen Selbstbedienung vorherrscht, wo stark routinierte Kommunikationsformen überwiegen. Die Kommuikationsteilnehmer gehen davon aus, daß diese frames bekannt sind. Es versteht sich, daß für den fremdkulturellen Lerner ein solcher Bezugsrahmen keineswegs immer bekannt ist.

Mit s c r i p t s sind dagegen eher Interaktionsrahmen gemeint, standardisierte Abläufe, wie zum Beispiel: ‚etwas im Kaufhaus/auf dem Markt einkaufen', ‚jemandem eine Zugauskunft erteilen'. Dazu gehören die Vorbereitung, der Ort, die sprachliche Gestaltung usw. Die Kulturspezifik dürfte dabei von Fall zu Fall variieren: Während etwa ein Handlungsschema wie ‚eine Zugauskunft erbitten/erteilen' in vielen Sprachen nach einem ähnlichen, von der Sache her begründeten Routinemuster abläuft, spielen bei ‚jemanden besuchen' zahlreiche kulturelle Voraussetzungen eine Rolle (Wann mache ich den Besuch? Kündige ich ihn vorher an? Bringe ich etwas mit? Wie lange bleibe ich...?).

Wie man diese Informationen klassifiziert oder genau bezeichnet und zusammenfaßt, ist für den Fremdsprachenunterricht sicher nicht besonders wesentlich. Ihre interkulturelle Bedeutung und wie man im Unterricht darauf eingeht, ist jedoch für jeden Fremdsprachenlehrer wichtig.

2.2 Didaktische Konsequenzen

Im Mittelpunkt des vorangehenden Abschnitts stand die Verknüpfung von sprachlichen Strukturen und kulturspezifischen Wissenselementen. Es wurde betont, daß man bei der Kommunikation in einer fremden Sprache immer auch wissen muß, welche Verhaltenserwartungen in der betreffenden Gemeinschaft bestehen und auf welche gesellschaftliche Wirklichkeit sich die Sprechenden jeweils beziehen.

In diesem Abschnitt beschäftigen wir uns mit der Frage, welche Konsequenzen die bisherigen Überlegungen für den Sprachunterricht haben könnten. Genauer:

Problemstellung

– Sollte man den kulturellen Aspekt der Sprache im Unterricht besonders thematisieren?
– In welchem Ausmaß sollte man kulturelles Wissen bei der Vermittlung einer fremden Sprache berücksichtigen?
– Wie kann man Sprachunterricht und Kulturvermittlung miteinander verbinden?

Position 1

Bisher gingen wir davon aus, daß die kulturspezifischen Unterschiede wenigstens exemplarisch zum Gegenstand des Unterrichts gemacht werden sollten. Es gibt aber durchaus Fremdsprachendidaktiker, die anderer Meinung sind, indem sie kritisieren, daß die Analyse interkultureller Problemsituationen den Lernenden keinen Erfahrungsfreiraum lasse, ihnen im Gegenteil vorschreibe, wie sie sich zu verhalten hätten.

Position 2

Ich halte es nicht für sinnvoll, die Lernenden in „Krisen" hineinlaufen zu lassen und daraus ein didaktisches Prinzip zu machen: Wer einmal Austauschbegegnungen zwischen Schülern oder Studenten organisiert und durchgeführt hat, kann einschätzen, wie demotivierend und verunsichernd negative Erlebnisse sein können, die auf falsches Verhalten oder eine Fehlinterpretation zurückzuführen sind. Das kann manchmal langfristige Auswirkungen haben. Deshalb ist es durchaus sinnvoll zu überlegen,

– wie man die Lernenden für interkulturelle Mißverständnisse und mögliche Krisensituationen sensibilisieren kann,
– welche Hintergrundinformationen im Unterricht vermittelt werden sollten und
– welche verbalen Strategien in Frage kommen, um derartige Kommunikationsstörungen zum Thema zu machen und gegebenenfalls zu entschärfen.

Diese Überlegungen sollen jedoch nicht dazu führen, daß man sich vollständig an die Verhaltensweisen der Zielkultur anpaßt; die Vorschläge sollen vielmehr eine Vorstellung davon vermitteln, welches Verhalten in bestimmten Situationen für Einheimische als normal gilt, welche Spielräume bestehen, welche Sanktionen erwartungswidriges Verhalten nach sich ziehen kann und welche Handlungsmöglichkeiten dem Kommunikationsteilnehmer aus einem fremden Land offenstehen, ohne seine eigene Identität aufzugeben (zu letzterem vgl. auch Göhring 1980, Wichterich 1984).

Wieviel kulturelles Wissen soll nun in den Fremdsprachenunterricht einbezogen und wie soll es vermittelt werden? Die Meinungen darüber gehen weit auseinander; sie variieren nicht nur in Abhängigkeit von den Lernzielen, sondern auch je nach Einschätzung der Distanz zwischen Ausgangs- und Zielkultur.

Unabhängig von diesen unterschiedlichen Meinungen kann man als allgemeines Fazit vorläufig festhalten: Wenn das Erlernen einer fremden Sprache auf erfolgreiches Handeln im fremdkulturellen Raum vorbereiten soll, dann müssen auch die spezifischen Rahmenbedingungen, die Lebensverhältnisse der fremden Gesellschaft im Unterricht berücksichtigt werden (vgl. Schüle 1983, 20 ff.; Wefelmeyer 1984).

Exkurs

Man hat darüber diskutiert, ob für die Fähigkeit, nicht nur korrekte Sätze bilden zu können, sondern diese in Sprachsituationen auch richtig anzuwenden, eine zusätzliche Kompetenzebene, nämlich die der „kommunikativen Kompetenz", anzunehmen sei oder ob es sich hier nicht lediglich um „Sprachkompetenz" handle. Solange man es mit vergleichsweise eng verwandten Kulturen zu tun hat, leuchtet es ein, wenn man die Fähigkeit zum sprachlichen Agieren und Reagieren nicht besonders hervorhebt, denn schließlich können die Schüler ja bereits fragen, bitten usw. (vgl. etwa Melenk 1977 in Auseinandersetzung mit Piepho 1974 u.a.). Fraglich wird diese Position jedoch, wenn die Kulturbereiche weiter voneinander entfernt sind. Hier kann man nicht einfach voraussetzen, daß das sprachliche Handeln gelingt. Selbst so elementare und alltägliche Aktivitäten wie ‚sich bedanken‘, ‚sich entschuldigen‘, ‚jemanden/sich vorstellen‘ müssen nicht unbedingt in der gleichen Form wie in der Muttersprache ablaufen, oder sie haben möglicherweise einen ganz anderen Stellenwert; man denke nur an das deutsche Vorstellungsritual aus der Sicht japanischer oder arabischer Lerner. Ob man diese von der Ausgangssprache/-kultur her nicht immer übertragbaren Momente aber nun einer kommunikativen oder interaktiven Kompetenz oder einer weitgefaßten Sprachkompetenz zuordnet, ist letztlich wohl nicht so entscheidend.

Ergebnis

Bei der Vermittlung von Sprache sind also zumindest drei Komponenten von Bedeutung:
– die sprachlichen Mittel,
– die Regeln ihres situativen Gebrauchs,
– die kulturspezifischen Hintergründe.

Vernachlässigt man die kulturspezifischen Hintergründe, so kann das mindestens genauso schwerwiegende Folgen haben wie Defizite im Bereich der sprachlichen Mittel. Wir haben bereits kurz darauf hingewiesen, wie sich solche Defizite bereits in einfachen Alltagssituationen auswirken können: Speziell der falsche Gebrauch von Routineformeln kann, wenn Kommunikationspartner dies als Normalitätsbruch, als Nichtbeachtung gegebener Verhaltenserwartungen empfinden, zu Mißverständnissen führen.

Literaturhinweis

Aufschlußreiche Beschreibungen hierzu finden sich u.a. bei Coulmas 1981a, Osterloh 1986. Anhand von Standardsituationen wie Kontaktaufnahme, Glückwünschen, Entschuldigung, Vorstellung usw. gehen die Arbeiten ausführlich auch auf interkulturelle Abweichungen ein. Es zeigt sich, daß viele Sprachlerner gerade bei solchen alltäglichen Kommunikationssituationen Schwierigkeiten haben.

Auf einige kulturbedingte Schwierigkeiten, denen etwa arabische Deutschlerner begegnen, hat besonders Haddad (1987) aufmerksam gemacht. Aus seiner kontrastiven Studie greifen wir hier exemplarisch die Analyse der Routineformel „*komm doch mal vorbei*" (bzw. „*besuch mich doch mal*") heraus. Uns beschäftigen dabei vor allem die Fragen:
– Wann und bei welcher Gelegenheit werden diese Formeln verwendet?
– Welche Erwartungen werden damit im Deutschen normalerweise verbunden?
– Wie interpretiert im Vergleich dazu ein arabischer Sprecher diese Formeln?

Die beiden anschließenden Dialoge illustrieren, wie solche Erwartungen aussehen und welche Verhaltensweisen daraus resultieren können.

Beispiel 13

(a)

Hassan trifft zufällig einen Bekannten an der Bushaltestelle.

Hassan: Hallo, wie geht's?
Peter: Danke, nicht schlecht, und dir?
Hassan: Danke, gut. Fährst du nach Hause?
Peter: Ja, mein Bus kommt gleich. Ah, da ist er. Also, tschüs, komm doch mal vorbei.
Hassan: Tschüs.

(b)

An einem Sonntagnachmittag will Hassan Peter besuchen. Er nimmt an, daß Peter bestimmt zu Hause ist.
Hassan klingelt an der Tür, Peter macht auf.

Hassan: Hallo, Peter.
Peter: *(erstaunt)* Hallo, Hassan.
(nach einer Weile bittet er ihn zögernd herein) Komm herein.
Hassan: Danke. Sonntags habe ich immer viel Zeit. Da dachte ich, ich komm mal bei dir vorbei.
Peter: Du, ich habe aber heute leider keine Zeit. Gleich kommt meine Freundin, und wir wollten eigentlich Freunde von uns besuchen.
Hassan: *(sehr enttäuscht)* Ach so, dann gehe ich gleich wieder.
Peter: Es tut mir leid. Aber kannst du nicht ein anderes Mal kommen? Ruf am besten vorher an...

---

nach: Haddad (1987), 229; Text leicht verändert

a) Wie verstehen Sie in diesem Gespräch die Äußerung Peters „komm doch mal vorbei"?

_____

_____

_____

b) Wie würden Sie sich daraufhin verhalten?

_____

c) Wie hat Hassan die Routineformel interpretiert?

_____

d) Ist seine Enttäuschung berechtigt?

_____

e) Wie finden Sie das Verhalten von Peter?

_____

Liegt in Beispiel 13 überhaupt ein Mißverständnis vor? Zumindest bei oberflächlicher Betrachtung und aus der Perspektive des deutschen Gesprächsteilnehmers scheint die Kommunikation weitgehend problemlos zu sein.

Interpretation 1

Anders dagegen die Interpretation des arabischen Teilnehmers: Er reagiert enttäuscht, weil die Verhaltensweise des deutschen Bekannten im starken Gegensatz zu seinen Erwartungen steht. Nach seinen Handlungsmaßstäben hätte ihn sein deutscher Freund auf jeden Fall empfangen und bewirten müssen. Die Äußerung der Formel „komm doch mal vorbei" entspricht für ihn einer offenen Einladung, bei der sich ein Adressat darauf verlassen kann, daß sie auch als solche gemeint ist. Nach seinem Verständnis kann man auch nicht abgewiesen werden, wenn man auf diese Einladung zurückkommt. Ein arabischer Sprecher muß das Verhalten des deutschen Teilnehmers in 13 b daher als mangelnde Gastfreundschaft und als persönliche Beleidigung auffassen (vgl. Haddad 1987, 56 ff.).

Interpretation 2

Ein deutscher Sprecher würde wahrscheinlich sagen, diese Interpretation sei unberechtigt; die Äußerung sei nicht so gemeint gewesen. Mit „komm doch mal vorbei" zeige man doch gerade sein Interesse an der Fortsetzung oder Vertiefung der Beziehung. Nur dürfe eben niemand damit rechnen, daß man jederzeit und ohne Voranmeldung jemanden ausgedehnt bewirten könne. Und wenn man schon einen anderen Termin oder eine andere Verabredung habe, dann müsse der andere auch Verständnis für eine solche kurze Absage haben. Das gleich persönlich zu nehmen, sei völlig übertrieben.

Kommentar

Offensichtlich beziehen sich beide Sprecher auf unterschiedliche Gebräuche und Besuchsregeln. Der arabische Teilnehmer interpretiert eine Routineformel der deutschen Sprache so, wie man die Äußerung in seiner eigenen Kultur (C1) verwenden würde. An die Möglichkeit einer anderen Bedeutung denkt er dabei nicht; der deutsche Teilnehmer verläßt sich ganz auf die Gültigkeit seiner Interpretation, die er normalerweise ja auch von seinem Gesprächspartner erwarten kann. Er sieht dabei nicht, daß diese Interpretation dem arabischen Gesprächspartner eventuell nicht bekannt sein könnte, weil sie in seiner Kultur (C1) nicht vorkommt. So erwarten beide jeweils sehr unterschiedliche Verhaltensweisen und Reaktionen voneinander; vergleichen Sie dazu auch die Zusammenfassung der wichtigsten Elemente im folgenden Schema.

Schema 4

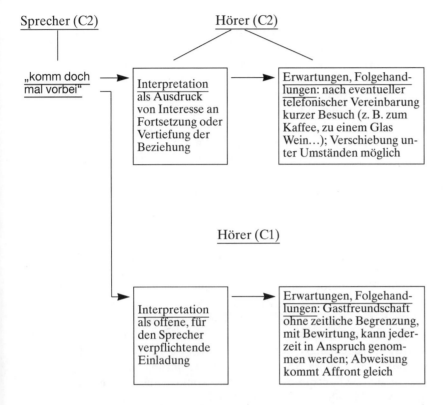

Erläuterung

Das Mißverhältnis besteht also vor allem darin, daß die beiden die Formel *„komm doch mal vorbei"* unterschiedlich deuten; man spricht deshalb auch von einer I n k o n g r u - e n z   d e r   H a n d l u n g s i n t e r p r e t a t i o n *. Der C2-Sprecher verwendet diese Routineformel, um damit sein Interesse an weiteren Kontakten auszudrücken, und mit seiner Reaktion (Beispiel 13 b) möchte er nur eine Verschiebung des Treffens vorschlagen, die aufgrund äußerer Umstände erforderlich wurde. Dagegen versteht der C1-Hörer dieselbe Äußerung als eine Einladung, die bestimmte Verpflichtungen einschließt. Wenn diese nicht eingelöst und auf diese Weise die Erwartungen enttäuscht werden, so kommt das für ihn einer persönlichen Verletzung gleich. Der Kommunikationskonflikt scheint unvermeidbar: Beide Teilnehmer gehen davon aus, daß sie das ihnen selbstverständliche eigenkulturelle Wissen auch beim anderen als gegeben voraussetzen können. Damit ist jedoch eine wesentliche Bedingung, die normalerweise für das reibungslose Funktionieren i n t r a kultureller Kommunikation* sorgt, in der vorliegenden i n t e r kulturellen Situation außer Kraft gesetzt: die R e z i p r o z i t ä t   d e r   P e r s p e k t i v e n .

Erklärung

Der Begriff der Reziprozität der Perspektiven geht auf Arbeiten von Alfred Schütz zurück und umfaßt dort folgende zwei Aspekte:

a) Beide Teilnehmer gehen davon aus, daß sie die Gesprächssituation genauso wahrnehmen, wie der jeweilige Kommunikationspartner; das heißt: die Positionen sind für sie austauschbar. Man spricht auch von einer Idealisierung der V e r t a u s c h b a r k e i t   d e r   S t a n d p u n k t e : „Wäre ich dort, wo er jetzt ist, würde ich die Dinge in gleicher Perspektive, Distanz, Reichweite erfahren wie er; und wäre er hier, wo ich jetzt bin, würde er die Dinge in gleicher Perspektive erfahren wie ich."

b) Beide Teilnehmer nehmen an, daß der jeweilige Gesprächspartner von seinen persönlichen Bewertungen, Meinungen und Erfahrungen absieht; man bezeichnet diese Annahme auch als Idealisierung der K o n g r u e n z   d e r   R e - l e v a n z s y s t e m e : „Ich und er lernen es als gegeben hinzunehmen, daß Unterschiede der Auffassung und Auslegung, die sich aus der Verschiedenheit meiner und seiner biographischen Situation ergeben, für seine und meine, für unsere gegenwärtigen praktischen Zwecke irrelevant sind, daß ich und er, daß wir so handeln und uns so verständigen können, als ob wir die aktuell und potentiell in unserer Reichweite stehenden Objekte und deren Eigenschaften in identischer Weise erfahren und ausgelegt hätten."

Schütz/Luckmann (1979), 88 f.; vgl. ebenfalls von Kardorff (1983), 139 ff. und Müller (1986), 48 f.

Konsequenz

In der interkulturellen Kommunikation reichen diese Idealisierungen nicht aus; sie können die jeweiligen Unterschiede nicht einfach aufheben, weil diese kulturspezifisch sind, also nicht durch die spezielle Gesprächssituation oder unterschiedliche Biographien der Kommunikationspartner bedingt sind. Die oben erwähnte Inkongruenz der Handlungsinterpretation bleibt daher bestehen. Um die Situation dennoch zu bewältigen und die entstandene Störung zu bereinigen, müssen sich die Teilnehmer zunächst über ihre unterstellten Annahmen Klarheit verschaffen; was sie für selbstverständlich halten, müssen sie nun dem anderen erklären, da es ihm ja fremd ist. Das ist vergleichbar mit der Renormalisierung* durch Metakommunikation* bei den Krisenexperimenten Garfinkels (s. Kapitel 1.3). Wenn sich die Kommunikationsteilnehmer über ihre stillschweigend angenommenen Voraussetzungen verständigen, können sie eine Reziprozität der Perspektiven – und damit eine tragfähige Handlungsbasis – auch interkulturell erreichen.

Wer im Fremdsprachenunterricht das Ziel verfolgt, die Lernenden auf die kommunikative Bewältigung von Alltagssituationen vorzubereiten, muß deshalb auch die kulturspezifischen Verhaltenserwartungen berücksichtigen, die sich zum Beispiel aus der Verwendung bestimmter Routineformeln ergeben. Es geht in einem solchen Unterricht konkret um die Fragen: „Wie wird in der Zielkultur in einer gegebenen Redekonstellation eine Äußerung verstanden?" und „Welche Reaktionen löst diese Äußerung üblicherweise aus?" Bei der Behandlung dieser Aspekte im Unterricht empfiehlt es sich, möglichst kontrastiv vorzugehen. Sie können dafür auch Ihr Lehrbuch von Fall zu Fall ergänzen. (So könnte man z. B. im Anschluß an die Einführung von „jemanden besuchen" in Beispiel 14 auf S. 32 entsprechende Szenen konkret ausgestalten lassen.) Der Einsatz der Muttersprache dürfte bei der Analyse der oft recht subtilen Verhaltensmerkmale schneller zum Ziel führen, als dogmatisch an einem einsprachig geführten Unterricht festzuhalten.

Bei der Analyse von Sprache und Kommunikation, so wie wir sie hier vornehmen, sollte man zwei grundsätzliche Aspekte auseinanderhalten:

a) die Steuerung der Beziehungsebene*,
b) die Bezugnahme auf eine bestimmte soziale Ordnung, auf eingespielte Verhaltensformen und Interaktionsnormen (Mehr zu diesen beiden Punkten finden Sie im ersten Kapitel, S. 14 f.).

So muß z. B. ein arabischer Deutschlerner einerseits beachten, daß man im Deutschen mit dem Gebrauch der Routineformel „komm doch mal vorbei" ein relativ unverbindliches Angebot für die zukünftige Beziehungsgestaltung macht, wobei es dem Adressaten überlassen bleibt, ob und wann er darauf reagiert; andererseits muß er aber auch wissen, daß ein deutscher Sprecher sich damit im Rahmen von Normen bewegt, die für die Pflege sozialer Kontakte entwickelt wurden und die in der Kommunikation praktisch unausgesprochen bestätigt werden. Beide Aspekte muß man berücksichtigen, wenn man situationsgemäß handeln will. Und genau darin liegt für alle, die eine fremde Sprache erlernen, die Schwierigkeit beim Gebrauch solcher Formeln begründet.

Die meisten Deutsch-Lehrwerke berücksichtigen gerade den zweiten Aspekt kaum. Das ist auch verständlich, da ja im allgemeinen der Sprachlehrgang im Vordergrund steht. Macht man jedoch interkulturelle Handlungsfähigkeit zum Ziel seines Unterrichts, dann wird man auch landeskundliche Zusammenhänge zur Sprache bringen. Für unser Beispiel bedeutet das: Es muß klar werden, daß „komm doch mal vorbei" einer anderen Gruppe von Formeln angehört und nicht einfach gleichgesetzt werden kann mit dem vom Wortlaut her korrespondierenden Ausdruck „tafadal wa zourana" (etwa: „komm doch vorbei"; vergleichen Sie dazu auch Schema 5 auf S. 31).

Literaturhinweis

Eine ausführliche Darstellung, gestützt durch empirische Erhebungen, findet sich in der bereits erwähnten Arbeit von Haddad (1987). Aus seiner Untersuchung geht unter anderem hervor, daß eine Routineformel wie „komm doch mal vorbei" und ihre arabische Entsprechung in ganz anderen Funktionszusammenhängen stehen; ihre richtige Einordnung (wie auch das Verstehen ihres Gebrauchs in der Kommunikation) ist nur vor dem Hintergrund höchst unterschiedlicher Besuchskonventionen möglich. Hier stichwortartig einige Merkmale:

– spontane Besuche sind für Deutsche weniger üblich,
– die durchschnittliche Häufigkeit der Besuche ist überhaupt geringer unter Deutschen,
– als Reaktion auf spontane Besuche wird meist ein Getränk angeboten, Einladungen zum Essen sind eher selten,
– Fragen nach der Dauer des Besuches sind nicht ungewöhnlich und Verschiebungen auf später durchaus möglich.

Die Unterschiede im Vergleich zu arabischen Verhaltensweisen sieht Haddad (1987, 41f.) vor allem historisch bedingt. Während etwa im vorindustriellen Deutschland infolge der geringeren Organisation von Tagesablauf und Arbeitsrhythmus lockere, wenig formalisierte Besuchsformen vorherrschten, änderte sich dies im Zuge der allgemeinen wirtschaftlichen und sozialen Entwicklung. Eine stärker durchrationalisierte Lebensweise verlange auch für die sozialen Kontakte mehr zeitliche Planung; zudem würden sich die Menschen in Deutschland heute seltener und kürzer als früher besuchen.

Im arabischen Raum dagegen habe der Besuch aufgrund der herrschenden gesellschaftlichen Verhältnisse seine alte soziale Funktion weitgehend behalten: „Die hinter dem Besuchsakt stehende Bedeutung ist an den extensiven Leistungen dieses gesellschaftlichen Gebots wahrzunehmen, d.h., daß der Gast als ein besonderes Familienmitglied anzusehen und dementsprechend zu bewerten ist. Hiervon ausgehend ist die Besuchsfunktion gemeinschaftlich akzentuiert, d.h., sie reflektiert Identifikation mit der Gruppe, Kontinuität und Pflege der sozialen Beziehungen."

Haddad (1987), 42

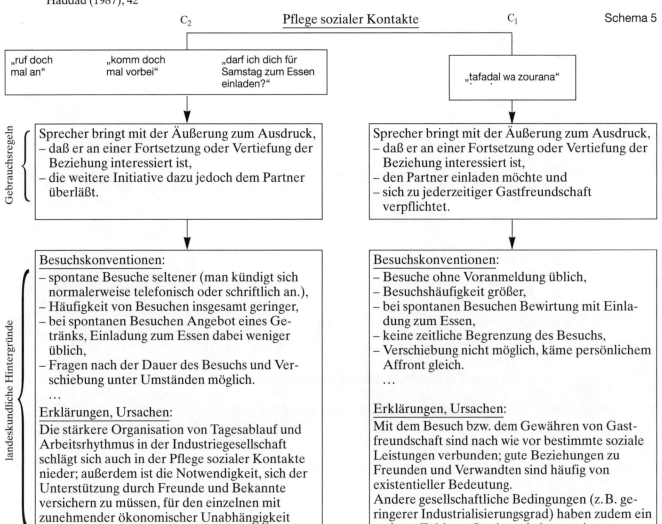

C_2 Pflege sozialer Kontakte C_1 Schema 5

„ruf doch mal an"   „komm doch mal vorbei"   „darf ich dich für Samstag zum Essen einladen?"   „tafaḍal wa zourana"

Gebrauchsregeln

Sprecher bringt mit der Äußerung zum Ausdruck,
– daß er an einer Fortsetzung oder Vertiefung der Beziehung interessiert ist,
– die weitere Initiative dazu jedoch dem Partner überläßt.

Sprecher bringt mit der Äußerung zum Ausdruck,
– daß er an einer Fortsetzung oder Vertiefung der Beziehung interessiert ist,
– den Partner einladen möchte und
– sich zu jederzeitiger Gastfreundschaft verpflichtet.

landeskundliche Hintergründe

Besuchskonventionen:
– spontane Besuche seltener (man kündigt sich normalerweise telefonisch oder schriftlich an.),
– Häufigkeit von Besuchen insgesamt geringer,
– bei spontanen Besuchen Angebot eines Getränks, Einladung zum Essen dabei weniger üblich,
– Fragen nach der Dauer des Besuchs und Verschiebung unter Umständen möglich.
…

Besuchskonventionen:
– Besuche ohne Voranmeldung üblich,
– Besuchshäufigkeit größer,
– bei spontanen Besuchen Bewirtung mit Einladung zum Essen,
– keine zeitliche Begrenzung des Besuchs,
– Verschiebung nicht möglich, käme persönlichem Affront gleich.
…

Erklärungen, Ursachen:
Die stärkere Organisation von Tagesablauf und Arbeitsrhythmus in der Industriegesellschaft schlägt sich auch in der Pflege sozialer Kontakte nieder; außerdem ist die Notwendigkeit, sich der Unterstützung durch Freunde und Bekannte versichern zu müssen, für den einzelnen mit zunehmender ökonomischer Unabhängigkeit weitgehend entfallen.
…

Erklärungen, Ursachen:
Mit dem Besuch bzw. dem Gewähren von Gastfreundschaft sind nach wie vor bestimmte soziale Leistungen verbunden; gute Beziehungen zu Freunden und Verwandten sind häufig von existentieller Bedeutung.
Andere gesellschaftliche Bedingungen (z.B. geringerer Industrialisierungsgrad) haben zudem ein anderes Zeitbewußtsein und eine weniger ausgeprägte Organisiertheit des Tagesablaufs bewirkt.
…

Die einzelnen Beobachtungen (aus arabischer Perspektive) müßten eigentlich noch weiter nach sozialen und regionalen Kriterien differenziert werden, denn keine Gesellschaft ist in sich so homogen, daß man von durchgängigen Verhaltensnormen ausgehen kann. Von einem Studenten z.B. wird ein anderes Verhalten erwartet als von einem streßgeplagten Geschäftsmann, in Bayern herrschen nicht unbedingt die gleichen Erwartungen wie in Ostfriesland, in der Stadt verhält sich manches anders als auf dem Land. Doch darauf kommt es an dieser Stelle nicht an. Wichtig ist vielmehr, daß bestimmte Verhaltensformen vor dem Hintergrund der anderen Gesellschaft gesehen werden müssen; sie sind jeweils in einen ganz spezifischen Funktionszusammenhang eingebettet. Konkret: Der Lernende muß beispielsweise das ‚Vorbeikommen‘ innerhalb von mehreren möglichen Besuchsformen einordnen können; damit verbunden ist – in Ergänzung zu Haddad – die Einsicht, daß die Routineformel *„komm doch mal vorbei"* nur einen Teilbereich dessen abdeckt, was für einen arabischen Sprecher der korrespondierende Ausdruck *„ṭafadal wa zourana"* bedeutet (s. Schema 5). Verstehen bedeutet hier also, die Perspektive* des anderen zu übernehmen oder anders ausgedrückt: Der Hörer muß sich in die Rolle des fremden Sprechers (und dessen Handlungsnormen) hineinversetzen. Verstehen beschränkt sich nicht lediglich darauf zu begreifen, daß man eine bestimmte Routineformel anders als in der Muttersprache verwendet (Neuner 1985, 17).

In den folgenden Beispielen (14 – 16) geht es ebenfalls um das Thema „Einladung". Sie können nun beurteilen, ob die in den Texten gegebenen Informationen für ein angemessenes Verständnis der Einladung (Funktionszusammenhang, mögliche Interpretation, jeweilige Erwartungen) ausreichen (sehen Sie sich dazu noch einmal Schema 4, S. 29 an).

(a) **Eine Einladung und viele Fragen**

Gerda, Beate, Hans und Peter Klinger sind unsicher und ratlos.

HK: Seht mal, eine Einladung von Herrn Tossu zum
     Geburtstag seiner Tochter.
BK: Ach, dann ist die Einladung für mich?
HK: Das glaube ich nicht. Seine Tochter ist doch noch ein
     kleines Baby.
GK: Tja, wen hat er denn nun eingeladen: nur dich oder uns
     beide? Oder dürfen auch die beiden Kinder mitkommen?

HK: Was meinst du, Gerda, soll ich meinen dunklen Anzug
     anziehen?
GK: Denkst du denn, daß es da so formell ist?
BK: Ich bleibe aber in Jeans!
HK: Kommt nicht in Frage! Das erlaube ich nicht!
GK: Laß sie doch, Hans! Warum verbietest du immer alles?

GK: Übrigens, was sollen wir denn mitbringen?
HK: Na, wie üblich: Blumen für die Dame und Schokolade für die Kinder.
GK: Meinst du, das macht man hier auch so?
HK: Ja. Oder lieber eine Flasche Wein?
PK: Hier darf man doch keinen Alkohol trinken.

HK: Also, mir ist alles ziemlich unklar. Sollen wir pünktlich um 18 Uhr da sein
     oder erst etwas später kommen?
PK: Und gibt's was zu essen, oder müssen wir vorher im Restaurant essen?
HK: Oje, was man alles beachten muß! Was meint ihr, soll ich Herrn Tossu
     noch mal anrufen, oder ist das unhöflich?

Fragen notieren

Herr Klinger will Herrn Tossu anrufen. Welche Fragen notiert er sich vorher?
Beispiele: Dürfen die Kinder mitkommen? Was sollen wir...

> Tomi Tossu
> Telefon:
> 212 555
>
> Lieber Herr Klinger,
>
> am nächsten Samstag
> feiern wir den
> ersten Geburtstag
> unserer jüngsten
> Tochter.
> Wir möchten Sie
> herzlich dazu
> einladen.
> Unser kleines Fest
> beginnt um 18 Uhr.
> Meine Adresse kennen
> Sie ja.
>
> Mit
> herzlichen Grüßen
> Ihr Tomi Tossu

(b)   Was man bei einer deutschen Einladung beachten muß

Einige Verhaltensregeln

– pünktlich kommen
– ohne besondere Einladung keine
  Kinder mitbringen
– es ist erlaubt, daß man den
  Kindern Schokolade mitbringt
– ohne besondere Einladung keine
  Freunde mitbringen
– auf korrekte Kleidung achten
– Männer: bei formellen Feiern
  (z.B. einer Hochzeit) einen
  Anzug anziehen
– wenn man Blumen mitbringt: die
  Blumen immer der Dame geben
– es ist auch erlaubt, daß man
  eine Flasche Wein mitbringt
– nicht zu früh kommen
– wenn man zu spät kommt,
  sich entschuldigen
– bei einer Einladung am Nachmittag·
  es ist nicht erlaubt, daß man bis
  zum Abendessen bleibt
– bei einer Einladung am Abend:
  vor 24 Uhr gehen

Mebus u.a. (1987), 120f.; Teil (b) gekürzt

Beispiel 15

▷ Hallo, Katharina.
► Guten Tag, Petra.
▷ Katharina, ich möchte dich am
  Sonntag zum Tee einladen.
  Kommst du?
► Am Sonntag habe ich leider
  keine Zeit.

Šubik/Kurdynovsky (1982), 38

Beispiel 16

(a) Frage: *Machen Sie oft spontane Besuche ohne besonderen Anlaß*
(z. B. nur, um sich zu unterhalten)?

	Deutsche	Araber (in der BRD)
	(%)	(%)
ja	53	74
nein	46	26
ohne Angabe	1	–

(b) Frage: *Sie sind mit einer wichtigen Arbeit beschäftigt. Plötzlich klingelt es.*
Ein unerwarteter Besuch steht vor der Tür. Wie reagieren Sie darauf?

		Deutsche	Araber
		(%)	(%)
1.	Sie begrüßen den Gast und laden ihn zu einer Tasse Kaffee oder Tee ein. Dabei bitten Sie ihn, nicht zu lange zu verweilen. Sie machen mit ihm einen exakten Termin aus.	53	38
2.	Sie begrüßen den Gast. Sie bitten ihn aber, ein anderes Mal zu kommen. Ein exakter Termin wird ausgemacht.	10	6
3.	Sie begrüßen, empfangen und bewirten den Gast. Sie verschieben Ihre Arbeit und widmen sich dem Gast ohne zeitliche Begrenzung.	36	56
4.	Ohne Angaben.	1	–

Haddad (1987), 43 und 47

Aufgabe 9

a) *Eignen sich die Materialien (Beispiele) 14 bis 16 auch für Ihren Unterricht?*

Beispiele: *geeignet für Klassenstufe:*

14 a   _____

14 b   _____

15   _____

16 a   _____

16 b   _____

b) Untersuchen Sie Ihre Deutschlehrbücher zum Thema ‚jemanden einladen/ besuchen'.
Brauchen die Lernenden Ihrer Meinung nach zusätzliche Hinweise?

---

c) Konstruieren Sie für Beispiel 13 auf S. 27 ein klärendes Gespräch, in dem das Mißverständnis beseitigt wird.

Eine zentrale Schwierigkeit bei der Vermittlung landeskundlicher Inhalte liegt sicherlich darin, daß die für das Verständnis wichtigen Informationen nur zum Teil aus konkreten Materialien erschließbar sind. Es gibt ja in der Alltagskommunikation normalerweise keinen Grund dafür, das als selbstverständlich Vorausgesetzte zum Thema zu machen. Um die kulturbezogenen Aspekte im Unterricht zu thematisieren, sind deshalb solche vollständig „glatt ablaufenden" Kommunikationsbeispiele weniger geeignet als Materialien, die solche kritischen Stellen oder die Möglichkeit zu Mißverständnissen enthalten.

Einen guten Ansatzpunkt bietet in der Hinsicht der Dialog in Beispiel 13 b: Die enttäuschte Reaktion des arabischen Gesprächsteilnehmers wirft sogleich die Frage nach der Ursache, vielleicht unterschiedliche Erwartungen, auf. Man könnte hier einen weiteren Dialog entwerfen (bzw. von der Lerngruppe entwerfen lassen), in dem der ausländische Sprecher sich an einen deutschen Bekannten wendet und ihm sein Problem vorträgt; die Kursteilnehmer können bei der Erarbeitung verschiedene Deutungshypothesen zur Sprache bringen und, falls der Lehrer einen selbst erstellten Dialog im Unterricht präsentiert, sollten dabei erste landeskundliche Erklärungen mit einfließen.

Unterrichtsvorschlag

Wenn man solche Routineformen im Unterricht behandelt, sollte man sich jedoch nicht auf den Gebrauch einer Routineformel beschränken. Wie wir oben bereits bemerkt haben, geht es ja gerade darum, den Stellenwert einzelner Ausdrucksmuster innerhalb eines bestimmten Repertoires aufzuzeigen. Sinnvoll wäre daher, als Bezugsrahmen das Thema ‚jemanden einladen/besuchen' zu wählen. Der Text in Beispiel 13 a legt bereits einige Fragen nahe, wie sie sich möglicherweise aus dem vorgeschlagenen Anlaß ergeben und für weitere Arbeitsschritte nutzen lassen. (Je nach Schwerpunkt kann man die schriftliche Einladung auch ersetzen durch eine im direkten Gespräch oder am Telefon ausgesprochene.) Der Beispieltext 15, ursprünglich vorgesehen für eine reine Sprachübung, gibt eine Einladung zum Tee wieder; für den Einsatz im Unterricht sollte man zuvor einige Ergänzungen vornehmen:

– Man kann den Dialog in einen nachvollziehbaren und für die Kursteilnehmer naheliegenden Situationszusammenhang stellen (Wer sind Katharina und Petra, wie stehen sie zueinander, wo treffen sie sich?), ihn um einige Sequenzen erweitern und zum Schluß die Einladung annehmen lassen, damit die Interaktion hier nicht abbricht; das könnte zum Beispiel so aussehen:

Petra:	Schade, aber vielleicht kannst du am Mittwoch kommen?
Katharina:	Ja, gern. Sagen wir, um halb vier?
Petra:	Gut, bis dann!
Katharina:	Tschüs.

– Eine weitere sinnvolle Variante besteht darin, die Gesprächskonstellation um eine ausländische Teilnehmerin zu ergänzen; diese könnte sich dann erkundigen, was Petra mit einer Einladung zum Tee eigentlich meint, ob man etwas mitbringen solle usw.

Eine solche landeskundliche Anreicherung läuft möglicherweise wieder Gefahr, so unrealistische Dialoge zu erzeugen wie die häufig kritisierten Lektionstexte zur Grammatikeinführung (Neuner/Steffen 1986, 26ff.). Das beruht auf einem prinzipiellen Dilemma der Landeskundedidaktik: Je mehr es um kulturspezifische Hintergründe, um strukturelle Zusammenhänge geht, um so weniger kann man induktiv an Texten mit persönlicher Darstellungsperspektive arbeiten. Der einzig mögliche (und ökonomische) Weg wird von daher häufig, zumal wenn die Lernenden kaum Erfahrungen im Gebrauch von fremdsprachlichen Routineformeln haben, die Information durch den Lehrer sein (vgl. exemplarisch die Beispiele 14 b und 16). Für die Beispiele 16 (a) und (b) empfiehlt es sich, die Ergebnisse der Befragung deutscher und arabischer Personen zunächst wegzulassen, um die Schüler und Schülerinnen nicht zu beeinflussen. Vergleichen Sie erst im Anschluß daran die Werte Ihrer Klasse mit den deutschen und arabischen, und diskutieren Sie dann, ob sich daraus Rückschlüsse auf das soziale und kommunikative Verhalten der Menschen in den verschiedenen Ländern ziehen lassen. Dabei kann durchaus die Muttersprache eingesetzt werden – wir haben das bereits an einer früheren Stelle angesprochen. Außerdem ist es auch hier wieder wichtig, vergleichend vorzugehen.

Zusammenfassung

Mit dieser relativ ausführlichen Beschreibung eines Einzelbeispiels wollte ich die Bedeutung kulturellen Wissens veranschaulichen; mein besonderes Interesse galt dabei den Kommunikationsstörungen, die sich bei abweichender Wissensbasis ergeben können, und den Konsequenzen, die sich aus diesen Erkenntnissen für den Fremdsprachenunterricht ziehen lassen. Wir haben dabei gesehen, wie wichtig es ist, neben den Gebrauchsregeln bestimmter Ausdrucksformen auch die landeskundlichen Hintergründe zu berücksichtigen, denn nur so kann man die genaue Bedeutung und Andersartigkeit einer Routine-Äußerung erfassen.

3 Wie redet man sich an?

Nach dieser systematischen Darstellung gebe ich nun konkrete Beispiele zu einigen Bereichen und Situationen der Alltagskommunikation, für die bestimmte Routinen und Rituale typisch sind und die gleichzeitig landeskundlich interessant sind. Es handelt sich dabei durchweg um sprachliche Handlungen, die mit der Steuerung der Beziehungsebene* (s. auch Kapitel 1, S. 15f.) zu tun haben und die deshalb auch im Deutschunterricht behandelt werden sollten:

- Die Regeln für die Anrede im Deutschen. Oder anders formuliert: Wie werden Vertrautheitsgrad, Positionsunterschiede, Gruppenzugehörigkeit, usw. signalisiert? (Kapitel 3.1)
- Probleme beim Gebrauch maskuliner und femininer Personenbezeichnungen und Anredeformen in der Alltagssprache. In diesem Bereich gibt es Veränderungen, die für die Landeskunde wichtig sind. (Kapitel 3.2)

In den Kapiteln 4 und 5 zeige ich dann weitere Routinen und Rituale in der Alltagskommunikation:

- Die Eröffnung und Beendigung von Gesprächen und Briefen und wie man dieses Thema im Unterricht behandeln kann (Kapitel 4) und schließlich
- Formen der Höflichkeit: Wie formuliert man zum Beispiel eine Aufforderung oder eine Kritik, ohne den Adressaten zu verletzen? (Kapitel 5)

3.1 Du oder Sie?

Zur Signalisierung der persönlichen Beziehung ist die Anrede, insbesondere die pronominale (Sie, du, ihr), ein wichtiges Mittel; mit der gewählten Anredeform kommt zum Ausdruck, auf welcher personalen Ebene die Gesprächspartner den Kontakt gestalten wollen. Das wird häufig auch schon durch die Situation definiert. Im Deutschen unterscheidet man dabei, wie in vielen anderen Sprachen auch, zwei Formen: „du" (im Plural „ihr") und „Sie" (= Singular und Plural). Wenn sich zwei Erwachsene duzen, so setzt das einen bestimmten Vertrautheitsgrad voraus. Liegt eine solche Voraussetzung nicht vor, gilt das „Sie". Mit dieser (von beiden gebrauchten) Anrede geben sich die Sprecher gleichsam zu verstehen, daß sie sich als vollwertige, gleichberechtigte Mitglieder der bürgerlichen Gesellschaft betrachten – unabhängig davon, welche soziale Position sie einnehmen (Ammon 1972, 78ff.). Diese Gebrauchsbedingungen der Anredepronomina müssen in der Kommunikation relativ genau befolgt werden; Wenn sie nicht beachtet werden, kann das unter Umständen, wie die nachfolgende Zeitungsmeldung illustriert, sogar teuer werden.

Marktfrau und Kommissar

Nürnberg (dpa). „Armes Deutschland", stöhnte die Nürnberger Marktfrau vor dem Einzelrichter, von dem sie wegen Beleidigung zu 2250 Mark Geldstrafe „verdonnert" worden war. „Frau Gunda" hatte einen Polizeihauptkommissar „hartnäckig geduzt, obwohl sich dieser es verbat".

Besagte Marktfrau gilt in Nürnberg als Original – nicht nur wegen ihrer marktbeherrschenden Figur. Sie stand schon einige Male vor den Schranken des Gerichts, wegen Beleidigung. In diesem speziellen Fall hatte die nahe Rathauswache verfügt, daß zwei Tische der Frau Gunda „wegmüssen". Sie will den Hauptkommissar allerdings höflich per „Sie" gefragt haben, ob er diese Anordnungen getroffen habe. Als dieser das bejahte, habe sie erklärt: „Das hast du nicht zu bestimmen." Der Wachleiter verbat sich zwar das „Du", die Marktfrau jedoch war nicht zu bremsen: „Das wird doch keine Beleidigung sein, zum Herrgott sagt man du, deshalb sage ich zu dir auch du."

Frau Gunda versicherte, das „Du" sei nicht böse gemeint. Sie stamme vom Land, da sage jeder zu jedem du.

Der Richter hatte für die Argumente der Marktfrau kein Verständnis: Für Mitteleuropäer sei ungewolltes Duzen ehrenrührig. Es beeinträchtige das Persönlichkeitsrecht. Da die Marktfrau Angaben über ihre Einkommensverhältnisse nicht machte, wurde sie geschätzt. Der Richter verhängte daraufhin 15 Tagessätze mal 150 Mark, zusammen 2250 Mark.

zitiert nach: Wunderlich (1980), 279f.

Aufgabe 10

a) Was ist gemeint mit der Feststellung, für Mitteleuropäer sei ungewolltes Duzen „ehrenrührig"?

_____

_____

_____

b) Wie beurteilen Sie die Entscheidung des Richters? Könnte es einen vergleichbaren Fall auch in Ihrem Land geben?

_____

_____

Das Kriterium des Vertrautheitsgrads kann man sich als eine Skala mit fließenden Übergängen vorstellen; Endpunkte dieser Skala wären dann ‚Intimität', ‚große Vertrautheit' einerseits und ‚Formalität', ‚fehlende Vertrautheit' andererseits. Sprachlich wird jedoch durch die beiden Pronomina „du" und „Sie" im Deutschen eine klare Grenze gezogen. Der Übergang von der formellen zur vertrauten Anredeform bedarf daher auch einer ausdrücklichen Prozedur (zum Beispiel *„Wir könnten doch ‚du' sagen, oder?", „Wollen wir uns nicht duzen?"*); dabei bieten normalerweise die Älteren den Jüngeren und – jedenfalls nach den Regeln des guten Tons – die Frau dem Mann das ‚Du' an und nicht umgekehrt. In der beruflichen Hierarchie gilt, daß ranghöhere den untergebenen Beschäftigten das ‚Du' anbieten. Beide Gesprächspartner müssen dann mit der neuen Anredeform einverstanden sein. Die einmal vereinbarte „du"-Anrede kann man im allgemeinen nicht rückgängig machen; man behält sie bei, selbst wenn eine freundschaftliche Beziehung nicht mehr besteht.

Differenzierung

o Im Plural ist die Grenze zwischen förmlicher und vertrauter Anrede weniger scharf; „ihr" wird mitunter auch in Fällen gebraucht, wo es eigentlich „Sie" heißen müßte. So kann z.B. ein Dozent, der seine Studenten normalerweise mit „Sie" anredet, der gesamten Gruppe gegenüber durchaus die vertraute Form verwenden: „Nehmt euch noch einmal den Text der letzten Sitzung vor... Daniel, könnten Sie bitte kurz wiederholen, was wir bisher dazu gesagt haben? ..." Das „Ihr" erlaubt es in solchen Fällen, die mit der „Sie"-Anrede verbundene Förmlichkeit etwas zu relativieren.

o Im südwestdeutschen Raum scheint die Verwendung des Plural-„Sie" sogar noch stärker eingeschränkt. Bedingt durch dialektale Einflüsse überwiegt hier häufig die Anredeform mit „ihr".

o In größeren, vor allem amerikanischen Firmen hat sich eine neue Form der Anrede entwickelt: Das „Hamburger Sie" („Sie" + Vorname). Es soll größere Vertrautheit als die distanzierte Form („Sie" + Nachname) und ein positives Gruppengefühl erzeugen; gleichzeitig wirkt es nicht zu kameradschaftlich. An Schulen ist diese Variante übrigens schon länger verbreitet: Lehrende benützen „Sie" ihren Schülerinnen und Schülern gegenüber, die – dem Gesetz nach – vom sechzehnten Lebensjahr an gesiezt werden müssen.

o Ebenfalls im Arbeitsbereich hört man gelegentlich das sogenannte „Münchner Du" („du" + Frau/Herr X). Es wird häufiger auch scherzhaft verwendet.

o Die Bereitschaft zum Duzen scheint bei Männern und Frauen unterschiedlich ausgeprägt zu sein. Eine Umfrage in größeren Firmen, die 1988 durchgeführt wurde, ergab, daß Männer bei der Arbeit lieber duzen als Frauen: 89% der Männer gaben an, daß sie zum „Du" übergehen, wenn sie einige Zeit mit Kollegen oder Kolleginnen gern und gut zusammengearbeitet haben, bei den Frauen waren es im Gegensatz dazu nur 53%.

Morché (1991), 60.

Der Grad der Vertrautheit zwischen den Sprechern ist demnach das entscheidende Merkmal für die Art der Anrede. Der s o z i a l e R a n g wird dabei im allgemeinen nicht weiter differenziert. Doch darf man die Anredepronomina nicht isoliert sehen. Auch bei symmetrischem (= beiderseitigem) Gebrauch der „Sie"-Form können, von anderen Signalen ganz abgesehen, bestimmte Mittel der n o m i n a l e n A n r e d e hinzukommen, die auf entsprechende Rangunterschiede verweisen (zum Beispiel bei der Anrede mit dem Titel: „Herr Direktor", „Frau Doktor" oder ähnliches). Allerdings lassen sich in diesem Punkt für das Anredeverhalten kaum generelle und verbindliche Regeln angeben. Mit der Wahl der Titel-Anrede etwa befolgt man keine sprachliche, sondern eine soziale Konvention, und die ist nicht zuletzt auch eine Frage gesellschaftspolitischer Grundhaltung, je nachdem, ob man eventuell gegebene Erwartungen bestätigen oder bewußt nicht bestätigen will: Wenn man zum Beispiel mit seinem Anredeverhalten einen Anspruch auf prinzipielle Gleichberechtigung signalisieren will, dann kann man den Titel bewußt weglassen. An deutschen Universitäten zum Beispiel ist die Verwendung von Titeln eher ungewöhnlich. Studierende reden ihre Professoren und Professorinnen im allgemeinen mit „Herr/Frau X" an. Man riskiert in anderen Bereichen und Regionen aber auch, daß dieses Verhalten als Beleidigung interpretiert wird, vor allem in Österreich, wo die Titel-Anrede noch sehr gebräuchlich ist und sogar das Lehrpersonal an Schulen teilweise noch mit „Herr/Frau Professor" angeredet wird. Wenn man bestimmte Rangunterschiede ausdrücklich anerkennen will, dann kann man das durch die Verwendung der Titel-Anrede noch unterstreichen. Die konkreten Anredeformen werden also je nach sozialer Gruppe und je nach aktueller Redekonstellation variiert.

Ergänzung

Zu erwähnen bleibt noch die soziale Rangdifferenzierung durch asymmetrische (einseitige) „D u"-/„S i e"-A n r e d e, wie sie etwa vorliegt, wenn Deutsche ausländischen Arbeitnehmern gegenüber das „Du" benutzen, selbst aber gesiezt werden. Eine solche Anredepraxis läßt zumindest erkennen, daß man den anderen von vornherein als unterlegen, als nicht gleichberechtigt ansieht. Dies um so mehr, als die einseitige „Du"-Anrede normalerweise dem Umgang mit Kindern oder Jugendlichen vorbehalten ist. (Auch bei Geisteskranken geht man zum „Du" über!) Einem erwachsenen Gesprächspartner die „Sie"-Anrede zu verweigern, kommt also einer äußerst geringschätzigen Behandlung gleich und ist nicht zu akzeptieren.

Etwas anderes ist es, wenn sich Alters- und Rangkriterien verbinden, zum Beispiel beim asymmetrischen Anredeverhalten von Lehrlingen und Vorgesetzten, Ärzten und Pflegepersonal, usw. („Sie" + Herr/Frau (+ Titel) + Familienname einerseits, „du" + Vorname andererseits).

Eine einseitige Rangabstufung liegt ebenfalls dem sogenannten Ärzte- oder Krankenschwesternplural zugrunde („so, jetzt nehmen wir schön brav unsere Pillen, und dann werden wir schnell wieder gesund").

Sornig (1985), 187.

Das folgende Schema verdeutlicht noch einmal, wie die Anredepronomina zwischen erwachsenen Sprechern verteilt sind; Kriterien für dieses Schema sind die Fragen:
– Wie vertraut sind sich die Kommunikationspartner? (Vertrautheitsgrad) und
– Welcher soziale Unterschied besteht zwischen ihnen? (Rangabstufung)

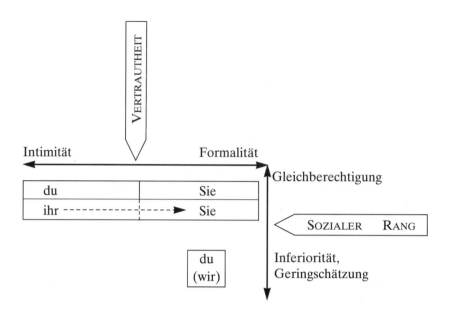

Man kann sicherlich nicht behaupten, im Anredeverhalten würden sich unmittelbar die gesellschaftlichen Verhältnisse widerspiegeln. Symmetrisch gebrauchte Anredeformen können nämlich große Unterschiede überdecken oder aber gar nicht zum Ausdruck bringen; außerdem stellen die Sprechenden – wie wir bereits gesehen haben – mit der Verwendung entsprechender Ausdrucksmuster eine bestimmte Beziehung untereinander überhaupt erst her, sie bilden diese nicht einfach ab, als seien sie schon vorhanden. Das bedeutet jedoch nicht, daß die in einer Sprache ausgeprägten nominalen und pronominalen Anredeformen völlig unabhängig von kulturspezifischen Bedingungen seien. Oft wird ein solcher Zusammenhang erst aus Vergleichen mit älteren Sprachstufen oder anderen Sprachen/Kulturen deutlich.

So betont beispielsweise Coulmas (1985, 58), daß das Japanische für die Anrede ein differenziertes Honorativsystem entwickelt hat. Wenn man es richtig anwenden will, muß man die soziale Hierarchie in Japan genau kennen und man muß wissen, welche gesellschaftliche Position der Angesprochene in bezug zur eigenen hat und welcher Bezugsgruppe er angehört. Japaner drücken also auch Rangunterschiede sprachlich aus, die im stärker egalitär ausgerichteten deutschen Anredesystem keine Rolle spielen.

Ähnlich gravierende (und kulturell bedingte) Abweichungen kann es beim Gebrauch des Vornamens geben. Während im Deutschen beim Übergang zum „Du" der Vorname gewöhnlich als nominale Anrede an die Stelle des Familiennamens tritt, ist dies – wie Osterloh (1986, 179) ausführt – für einen Marokkaner kaum nachvollziehbar: „In seiner eigenen Kultur hat der Vorname nämlich keineswegs die intime Bedeutung, die er bei uns besitzt. Hier stellt er vielmehr die unter Marokkanern übliche Anredeform dar – ähnlich wie es auch bei uns vor der industriellen Revolution war. Denn im Innenverkehr des alten Clans gibt es immer nur den Ali, Friedrich oder Henry, der im Außenverkehr zum Ali vom Clan der Tazi oder aus dem Dorf X wird. Und diese Gesetze der Innenbeziehung sind in der arabischen Welt noch heute allgemein gültig."

Ebenfalls ungewöhnlich erscheint die Funktion der vertrauten „du"-Form, die aus marokkanischer Sicht die normale Anrede darstellt; die dem „Sie" entsprechende Anredeform ist dagegen sozial Höherstehenden (zum Beispiel einem Minister) reserviert. Gerade weil die alten Clan-Beziehungen noch lebendig sind, brauchen die Individuen keine Differenzierung der Anrede nach „du" oder „Sie". Anders dagegen die distanzierteren Beziehungen zwischen den Mitgliedern einer bürgerlichen Massengesellschaft: Hier bleibt die „du"-Anrede dann auf bestimmte Vertrautheitsbereiche von Familie und Freundschaft beschränkt.

Mit dem allgemeinen „Du" ergibt sich eine Parallele zur deutschen Sprachentwicklung: Bis zu Beginn des Mittelalters war es die einzige Form der pronominalen Anrede (bei mehreren Adressaten: „ihr"). Erst im Laufe des 9. Jahrhunderts kam das „Ihr" als Anrede für hochgestellte Personen hinzu. Das „Du" und das „Ihr" stellten somit im Mittelalter die gängigen pronominalen Anredemöglichkeiten dar. Mit der Ausbreitung der pluralischen Anrede auch auf nichtadlige Bevölkerungsschichten wandelte sich in den folgenden Jahrhunderten das Anredesystem. Andere Formen traten an die Stelle des „Ihr", und insbesondere das

„Du" bekam allmählich eine auf intimere Sozialbeziehungen eingeschränkte Bedeutung. (Da auf nähere sprachgeschichtliche Einzelheiten hier nicht eingegangen werden kann, sei verwiesen auf Ammon 1972, 82 ff. und Zimmer 1986, 54 ff.; dort auch weitere Literaturangaben.)

Im aktuellen Sprachgebrauch folgt das Anredeverhalten keineswegs immer so eindeutigen und streng anzuwendenden Regeln, wie es Schema 6 nahelegt. In Zweifelsfällen ist es sicherlich am besten, erst einmal mit „Sie" zu beginnen. Es gibt allerdings Kommunikationsbereiche, in denen man mit bestimmten Abweichungen rechnen muß.

Beispiel 18

Im Seminar	
Ein neuer Student zu einem anderen:	Entschuldigung, haben Sie in der letzten Stunde mitgeschrieben?
Zweiter Student:	Hast du was gegen mich?
Erster Student:	*(irritiert)* Ich, wieso?
Zweiter Student:	Weil du „Sie" zu mir sagst.
Erster Student:	Ach so. Ich hab nur/
Zweiter Student:	Laß man. Hier sind meine Mitschriften. Ist aber nicht viel.

aus: Bausinger (1981), 32; Text leicht verändert

Aufgabe 11

a) *Wie erklären Sie sich in diesem Beispiel den Anrede-Konflikt?*

_____

_____

_____

b) *Welche Gebrauchsregel wurde nicht beachtet?*

_____

_____

_____

> ... Nehmen wir weiter an, Sie gingen in einen »jugendlichen« Plattenladen, etwa um nach dem Allerneuesten von Michael Jackson zu fragen. Während Sie vor dem schnauzbärtigen Verkäufer stehen, der aussieht wie der Camel-Mann nach einer dreiwöchigen Kneipentour, gehen Sie blitzschnell die Möglichkeiten durch: »Haben Sie...?« »Hast du...?« »Habt ihr...?« Das Sie, finden Sie, ist in dieser Umgebung fehl am Platz, wirkt ein wenig steif und lächerlich, hier sind alle per Du; außerdem weist es Sie als jemanden aus, der aus der Welt kommt, die hier nicht besonders geschätzt wird, eben der Welt, wo man Sie zueinander sagt. Das Du und das Ihr andererseits kommen Ihnen ein wenig unnatürlich vor, und in der Drogerie nebenan hätten Sie sie niemals gebraucht. Schließlich haben Sie gelernt, daß man Fremde siezt. Klänge das Du jetzt nicht auch viel zu anbiederisch? Oder käme sich der mit Du titulierte Verkäufer gar als Kind behandelt vor? So entziehen Sie sich dem Dilemma lieber und drücken sich unpersönlich aus: »Gibt es...?« Oder Sie entschließen sich doch zum Du und könnten sich dann gleich die Zunge abbeißen, denn zurück kommt ein Sie und macht Ihnen klar, daß man Sie hier keineswegs als seinesgleichen zu akzeptieren gedenkt. Oder Sie nehmen das Sie und bringen dann kaum das »Michael Jackson« über die Lippen, denn der Verkäufer könnte ja nun denken, Sie seien so ein Alter, der es auf die Verführung von Minderjährigen abgesehen hat.

Zimmer (1986), 53

a) Warum wird der Verfasser in diesem Beispiel unsicher?

_____

_____

b) Wie sollte sich Ihrer Meinung nach ein ausländischer Kunde in einer solchen Situation verhalten?

_____

_____

Die bisherigen Ausführungen gehen von einer Standardanrede aus, die im wesentlichen aus dem formellen „Sie" und dem vertrauten „Du" mit den entsprechenden Pluralformen besteht (Schema 6). Dieses Schema bedarf noch einer Präzisierung: Das Kriterium des Vertrautheitsgrades ist nicht in allen gesellschaftlichen Gruppen für das Anredeverhalten von Bedeutung. Am deutlichsten wird dies zum Beispiel beim heutigen „du"-Gebrauch unter Studenten.
Bis in die sechziger Jahre herrschte auch im universitären Bereich das Standardschema (6) vor: Studenten siezten sich untereinander. Ein Wandel trat gegen Ende der sechziger Jahre ein, als man dazu überging, generell die „du"-Anrede zu benutzen: „Grund für diese Änderung des Anredeverhaltens war wohl der studentische Wunsch, die in der Studentenbewegung erreichte bzw. angestrebte Solidarität auch in der Anredeform zum Ausdruck zu bringen." (Bayer 1979, 215; Bausinger 1981, 29ff. und Zimmer 1986, 56ff.) Diesem Wechsel schlossen sich zum Teil auch Dozenten an. Mit der Änderung, die in Anlehnung an das solidarische „Du" aus der sozialistischen Bewegung erfolgte,

etablierte sich ein neues Anredeschema: Das „Du" signalisierte nicht mehr eine besondere Vertrautheitsstufe, sondern war Zeichen einer gemeinsamen Wertebasis und Ausdruck von Solidarität. Das „Sie" bekam demgegenüber einen ausschließenden Charakter und markierte Distanz und Nicht-Zugehörigkeit zur Gruppe.

Schema 7

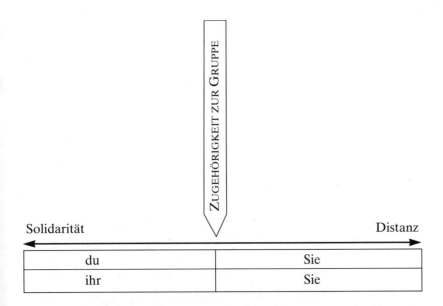

du	Sie
ihr	Sie

Die Anredekonvention in Schema 7 findet sich auch in anderen gesellschaftlichen
Gruppen und Kommunikationsformen wieder, vor allem bei Freizeitaktivitäten (zum
Beispiel Sport, Touristik). Die Geltung des übergreifenden Schemas 6 wird dadurch
aber nicht grundsätzlich in Frage gestellt, auch langfristig nicht. Allerdings kann es
durch das Nebeneinander von Schema 6 und 7 manchmal zu Unsicherheiten kommen:
Ist nun ein „Sie" als Distanz- oder Distanzierungs-Signal im Sinne von Schema 7 oder
eher als respektvolle, formelle Anrede im Sinne von Schema 6 zu interpretieren? Ab
wann, unter welchen Bedingungen darf man ein solidarisches „Du" verwenden und sich
zu der betreffenden Gruppe gehörig fühlen? Seit einigen Jahren gibt es – sogar unter
Studenten wieder eine Tendenz zum „Sie". Solche Unsicherheiten im Gebrauch der
Anredeform sind ja auch das Thema in Beispiel 19 auf S. 42.

Aufgabe 13

*Erklären Sie nun auf der Grundlage dieses Abschnitts die Situation in
Beispiel 20.*

_____

_____

_____

Beispiel 20

Bei einem Konzert erzählte Wolf Biermann, der aus der DDR ausgewiesene Sänger, daß
ihn viele Leute in Ost-Berlin besuchten, die er gar nicht kannte. Er sei jedoch in der
Lage gewesen, sie sofort als Westdeutsche oder als Ostdeutsche zu erkennen, und zwar
nicht an der Kleidung oder am Aussehen, sondern daran, ob sie ihn duzten oder siezten. – Leute aus der Bundesrepublik duzten ihn sofort als Ausdruck einer gemeinsamen
politischen Basis und Solidarität. In der gleichen Absicht boten jedoch Besucher,
die in der DDR wohnten, das „Sie" als Anrede an, und zwar in bewußter Ablehnung
des „Genossen-Du".

Hog u.a. (1984a), 121

3.2 Maskulin oder feminin?

In jeder Sprache gibt es Regeln dafür, wie man bestimmte Einstellungen anderen gegenüber – etwa Höflichkeit oder Respekt – zum Ausdruck bringt. Diese Regeln verändern sich im Laufe der Zeit, wie wir bereits im vorangegangenen Abschnitt beobachten konnten. Überhaupt darf man sich die Verhaltenserwartungen, die in einer Sprachgemeinschaft gelten, nicht als ein geschlossenes System vorstellen: So können bestimmte gesellschaftliche Veränderungen in einzelnen sozialen Gruppen oder Schichten zur Ausbildung neuer Verhaltensformen führen, die dann für eine begrenzte Zeit oder auf Dauer in der betreffenden Gruppe fortbestehen oder sich generell in der Sprachgemeinschaft durchsetzen. Ein Beispiel für den letzten Fall wäre etwa die allgemeine Übernahme der „Sie"-Anrede im 19. Jahrhundert, den ersten Fall veranschaulicht das heute (noch) gängige „Du" unter Studenten (S. 42f.). Um eine aktuelle, noch nicht abgeschlossene Normenänderung und über die Diskussion darüber geht es nun in diesem Abschnitt.

Beispiel 21

aus: Die Zeit (20.4.1984)   Marie Marcks

Aufgabe 14

a) Was für eine Situation gibt die Karikatur wieder?

_____

b) Welche Formulierungen kommen Ihnen merkwürdig oder ungrammatisch vor?

_____

_____

c) Wie erklären Sie sich die Abweichungen?

_____

_____

Für einen Ausländer ist die grammatische Regelabweichung wohl kaum nachvollziehbar. Beide Sprecher scheinen jedenfalls bemüht, in der nominalen Anrede das Genus dem jeweiligen Adressaten anzupassen: eine feminine Form für die Frau („Geistin"), eine maskuline für den Mann („Hälft"). Das natürliche Geschlecht der Bezugspersonen wird also durch „in"- oder Ø-Suffix* (= Wortstamm ohne Nachsilbe) auch sprachlich wiedergegeben. Hiermit spielt die Karikaturistin mit parodierender Absicht auf eine Diskussion an, die in der Bundesrepublik seit einiger Zeit vor allem von seiten einer feministischen Sprachkritik geführt wird.

Kommentar

Problem

Es geht dabei in erster Linie um Personenbezeichnungen und die Verwendung von Pronomen im Deutschen. Normalerweise gilt:

1) Werden Personenbezeichnungen allgemein gebraucht, wird die maskuline Form verwendet, sofern beide Formen zur Verfügung stehen. Zum Beispiel:

o *Jeder Deutschlehr**er**, **der** einen guten Unterricht machen will, sollte dieses neue Lehrwerk kaufen.* (Gemeint sind Lehrer und Lehrerinnen).

o *Seine Frau und sein Schwiegersohn sind Apothek**er**.*

Diese Verwendung bezeichnet man auch als „geschlechtsunspezifischen Gebrauch des Nomens".

2) Pronomen wie *„jeder", „jemand", „wer", „man"* gelten als geschlechtsneutral, sie können sich auf Männer oder Frauen beziehen.

3) Sowohl die Personenbezeichnungen in 1) als auch die Pronomen in 2) verlangen Pronomen in der maskulinen Form, das heißt, im Folgetext wird *„er", „der", „seine"* usw. gebraucht. Zum Beispiel:

o ***Jeder** Autofahrer, der **sein** Fahrzeug vor einer Ausfahrt parkt, wird bestraft: **Er** muß 20 Mark bezahlen.*

Grammatisch korrekt wäre auch:

o ***Wer** hat **seinen** Lippenstift hier liegen lassen?*

Kernpunkt der Kritik ist die Behauptung, das Deutsche sei eine Männersprache. Die Sprache werde von männlichen Formen geprägt, während Frauen kaum vorkämen; durch einen rein männerorientierten Sprachgebrauch würden Frauen sprachlich benachteiligt oder sogar diskriminiert (Pusch 1984).

Position 1

Ein ganz zentraler Kritikpunkt ist dabei die Verwendung der sogenannten geschlechtsunspezifischen Personenbezeichnungen, also der in 1) dargestellte Sachverhalt. Hierzu ein kurzer Auszug:

Zitat

> Ich möchte hier nur einen sprachlichen Mechanismus aufzeigen, mit dem uns, von vielen unbemerkt, Gewalt angetan wird. Es ist der Mechanismus des Mitgemeint- und Eingeschlossenseins. Wir sind – so wird uns versichert – immer mitgemeint, wenn vom

Zuhörer,	Arbeitgeber,
Leser,	Lehrer,
Wähler,	Verkehrsteilnehmer,
Arzt,	Steuerzahler

> die Rede ist. Wir müssen uns auch angesprochen fühlen, denn es wird eben nur von

Schülern,	Versicherungsnehmern,
Studenten,	Kontoinhabern,
Arbeitern,	Mietern

> gesprochen. Und da wir nicht in die Köpfe hineinsehen können, müssen wir akzeptieren, wenn uns versichert wird, wir seien mitgemeint.

> Bis wir dann Kontexte finden, in denen die Intention klar wird. Bis von den Arbeitern die Rede ist, die mit ihren Frauen und Kindern in den Urlaub fahren, bis die Genossen und ihre Freundinnen diskutieren, bis die Professoren mit ihren Gemahlinnen eingeladen werden.

> Trömel-Plötz (1984), 55

Eine andere Form von Männerdominanz zeigt sich in vielen S t e r e o t y p e n , die traditionelle Rollenmuster und Vorurteile wiedergeben („Frauen haben lange Röcke und kurze Gedanken"; vergleichen Sie dazu auch Beispiel 9). Darüber hinaus gibt es in der deutschen Sprache auch einige zu Formeln v e r f e s t i g t e We n d u n g e n , in denen der männliche Teil regelmäßig zuerst genannt und dadurch hervorgehoben wird: „Männer und Frauen", „Jungen und Mädchen", „Vater und Mutter", „Bruder und Schwester", „Adam und Eva"...; auch literarische Titel folgen dem Prinzip: „Romeo und Julia", „Hänsel und Gretel" usw. Nur wenn man besonders höflich sein will, nämlich in der persönlichen Ansprache, kommt der weibliche Teil zuerst. In der brieflichen Anrede heißt es also „Sehr geehrte Damen und Herren", die Begrüßungsformel in einer Rede lautet „Meine Damen und Herren", Politiker wenden sich mit „Liebe Bürgerinnen und Bürger" oder „Liebe Wählerinnen, liebe Wähler" an ihre Zuhörer (Zimmer 1986, 67).

Die Kritik gilt einerseits dem Sprachgebrauch, auf der anderen Seite wird aber auch das konversationelle Verhalten der Männer kritisiert: Sie reden Untersuchungen zufolge länger und häufiger, unterbrechen Frauen systematisch und bestimmen die Themen im Gespräch (Schoenthal 1989, 300).

Die feministische Sprachkritik will aber nicht nur auf dieses Sprachverhalten aufmerksam machen, sie will letztlich auch zu einer gesellschaftlichen Veränderung beitragen:

Zitat

> Natürlich wird gesellschaftliche Änderung im Zuge der Frauenbewegung sprachliche Änderung nach sich ziehen. Als Linguistinnen wissen wir, daß das Tempo für solche Änderung langsam ist, als Feministinnen ist uns dieses Tempo zu langsam. Da Sprache mit zu den gesellschaftlichen Bedingungen gehört, unter denen wir leben, wollen wir von seiten der Sprachwissenschaft zur gesellschaftlichen Änderung beitragen, indem wir sprachliche Änderung propagieren.
>
> Guentherodt (1980), 16

Position 2

Dem wird entgegengehalten, daß es zwar im Sprachsystem für die meisten Personenbezeichnungen und Pronomen maskuline und feminine Ausdrücke gebe (Arzt – Ärztin; jeder – jede), die Sprachverwendung, der Sprachgebrauch jedoch anders organisiert sei: Dort wird – wie wir bereits gesehen haben – die maskuline Form auch geschlechtsneutral eingesetzt, vor allem, wenn das Geschlecht keine Rolle spielt oder wenn es sich um eine gemischte Gruppe handelt. Außerdem müsse man zwischen dem grammatischen Merkmal ‚Genus' und der biologischen Kategorie ‚Geschlecht' unterscheiden („der Tisch" ist genausowenig „männlich" wie die Bank „weiblich") (Stickel 1988, 336 ff.). Die Tatsache, daß man im Deutschen „der Student" je nach Kontext sowohl geschlechtsneutral wie auch als geschlechtsspezifizierende Bezeichnung (im Gegensatz zu „die Studentin") verwendet, könne man nicht als frauenfeindlich werten. Die allgemein verwendete Maskulinform sei überdies oft einfacher und stilistisch besser; schließlich sei eine veränderte Wortwahl oder Grammatik noch lange keine Garantie für eine gesellschaftliche Gleichberechtigung der Frauen (Stickel 1988). Kritisiert werden auch extreme feministische Reformvorschläge wie: „Frau und Mann" statt: „Mann und Frau", „Mädchen und Bübchen" statt „Buben und Mädchen" oder die Abwandlung fester Wendungen wie „Der kluge Mann baut vor" zu „Kluge Leute bauen vor" (Beispiel 23, S. 49). (Zahlreiche Vorschläge dieser Art diskutieren auch von Polenz 1985, 152f. und Zimmer 1986, 67 ff.)

Aufgabe 15

a) Trifft die Aussage, Deutsch sei eine Männersprache, Ihrer Meinung nach zu?

_____

_____

_____

b) Gibt es in Ihrer Sprache ein ähnliches Problem?

_____

_____

c) Versuchen Sie den folgenden Satz so zu formulieren, daß nicht nur maskuli-
ne Personenbezeichnungen und Pronomen darin vorkommen:

„Jeder Teilnehmer, der sein Auto zu Hause läßt, erhält ein Gratisgetränk. "

_____

_____

Einige Punkte der feministischen Kritik des Sprachgebrauchs haben vor allem in den alten Bundesländern inzwischen schon zu neuen Formulierungen und Schreibweisen geführt und teilweise sogar bestimmte Sprachnormen verändert (in der ehemaligen DDR
wurde diese Diskussion praktisch nicht geführt). So gibt es mittlerweile viele Bemühungen um neutrale Formulierungen oder solche, die beide Geschlechter nennen. Dazu einige Beispiele:

Konsequenz

(1) Die Paarformel

Beide Geschlechter werden explizit genannt:

a) durch die Verbindung mit „und"/„oder"

Liebe Kollegen	*Liebe Kolleginnen und Kollegen*
...wir suchen einen	*...wir suchen einen Arzt oder*
Arzt..	*eine Ärztin*
Die Schüler	*Die Schülerinnen und Schüler*

b) durch einen Schrägstrich bei Schreibtexten

Der Autor	*Der/die Autor/in*
Die Lehrer	*Die Lehrer/innen*

c) durch das große „I" in Schreibtexten.
(Das sogenannte Majuskel-I innerhalb eines Wortes ist zwar vom Duden noch nicht anerkannt, setzt sich aber in vielen Texten immer mehr durch.)

Die Mitarbeiter	*Die MitarbeiterInnen*
Die Spieler	*Die SpielerInnen*

(2) Geschlechtsneutrale Formulierungen

a) Der kollektive Singular wird durch Pluralformen ersetzt

Der Erwachsene	*Die Erwachsenen*
Der Jugendliche	*Die Jugendlichen*
Der Angestellte	*Die Angestellten*

b) Man verwendet substantivierte Adjektive und Partizipien im Plural

Die Lehrer	*Die Lehrenden*
Die Teilnehmer	*Die Teilnehmenden*

c) Maskuline Personenbezeichnungen werden durch neutrale Substantive wie zum Beispiel „Person", „Fachkraft", „Mitglied" ersetzt

Wir suchen einen Fachmann	*Wir suchen eine Fachkraft*
Jeder Vierte	*Jede vierte Person*

Seit 1980 gibt es ein Gesetz, das für Stellenausschreibungen grundsätzlich geschlechtsneutrale Formulierungen (Beispiel 22 a) oder die gleichzeitige Nennung von maskuliner

und femininer Form (Beispiel 22 b) vorschreibt (BGB, § 611). Dieses Gesetz gilt zwar nur für Stellen im öffentlichen Dienst, trotzdem orientieren sich auch immer mehr private Firmen an den neuen Formulierungen.

a)

... sucht eine unternehmerische

FÜHRUNGSKRAFT (BAU)

für den gesamten Baubereich der Unternehmensgruppe
...

...

sucht zum baldmöglichen Eintritt ein

kaufmännisches Vorstandsmitglied

Gesucht wird eine unternehmerisch denkende, dynamische und entscheidungsfreudige Persönlichkeit mittleren Alters. Er/Sie sollte Diplom-Kaufmann/-frau, Diplom-Betriebswirt/ -wirtin oder Kaufmann/-frau der Grundstücks- und Wohnungswirtschaft sein und mehrjährige Erfahrungen, möglichst in der Wohnungswirtschaft, haben. Bilanzsicherheit und Kenntnisse im Steuerwesen und im EDV-Bereich sind Voraussetzung.

b)

Für dieses äußerst anspruchsvolle Projekt suchen wir eine(n)

Projektmitarbeiter(in)

Die/der neue Kollege(in) soll jung und auf angenehme Weise kontaktfreudig sein, Spaß am Organisieren und am Reisen haben. Höflichkeit, gutes Auftreten, Freude an der Technik und Begeisterungsfähigkeit für eine wirtschaftlich wie sozial wichtige Aufgabe sind die wesentlichen Voraussetzungen für diese Position. Die Fähigkeit, Korrespondenz völlig selbständig am PC zu erledigen, wird vorausgesetzt.

Wir suchen für eine Tätigkeit in der Zentralen Rechtsabteilung (Direktorat Recht)
kurzfristig mehrere

Volljuristen/ Volljuristinnen

a) Schauen Sie sich nur die linke Spalte von Beispiel 23 an: Welche der maskulinen Ausdrücke würden Sie durch neutrale Formulierungen ersetzen oder durch die femininen Entsprechungen ergänzen?

_____

_____

_____

_____

b) Vergleichen Sie nun Ihr Ergebnis mit der rechten Spalte von Beispiel 23. Was halten Sie von den Vorschlägen?

_____

_____

_____

Beispiel 23

Sehr geehrte Herren	Sehr geehrte Damen und Herren
Liebe Kollegen	Liebe Kolleginnen und Kollegen
An die Familie Peter Dörsch	An Frau Eva Dörsch und Herrn Peter Dörsch
	An Eva Dörsch und Peter Dörsch mit Kindern
An Herrn und Frau Dörsch	An Frau Dörsch und Herrn Dörsch
Zum Empfang bitten wir Herrn Dr. Kurt Müller mit Gemahlin/Gattin	Zum Empfang bitten wir Herrn Dr.. Kurt Müller und eine Begleitperson
	Zum Empfang bitten wir Herrn Dr. Kurt Müller. Diese Einladung gilt für zwei Personen.
	Zum Empfang bitten wir Frau Dr. Maria Müller-Offenbach und Herrn Dr. Kurt Müller
die Väter des Grundgesetzes	die Verfasser/innen des Grundgesetzes
der Glaube unserer Väter	der Glaube unserer Vorfahren
vom Vater auf den Sohn vererbtes Wissen	von den Eltern vererbtes Wissen
Beruf des Vaters?	Beruf der Mutter und des Vaters?
Stadtväter, Ratsherren	Mitglieder des Stadtrates
brüderliche Zuneigung	geschwisterliche Zuneigung
der weiße Mann	die Weißen
Der kluge Mann baut vor	Kluge Leute bauen vor. Kluge bauen vor
Der Vater liest. Die Mutter liest Erbsen.	Die Eltern lesen abends gern. Wir lesen zusammen Erbsen.

Guentherodt (1980), 15 ff.

Als eine Form der sprachlichen Ungleichbehandlung wurde lange Zeit auch die Unterscheidung im Gebrauch der Anredeformen „Frau" und „Fräulein" kritisiert:

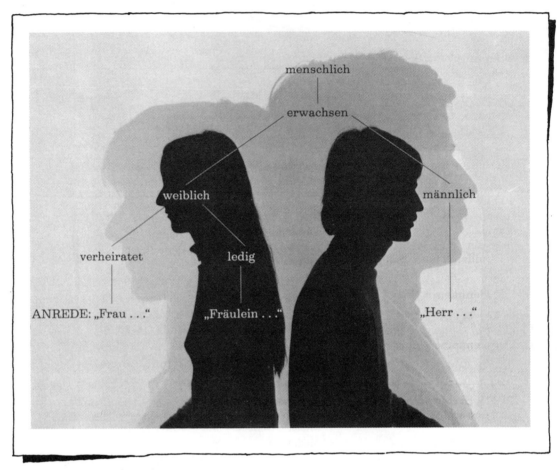

menschlich

erwachsen

weiblich

männlich

verheiratet

ledig

ANREDE: „Frau . . ." „Fräulein . . ." „Herr . . ."

Hog u.a. (1984a), 122

Während sich auf der weiblichen Seite die Anrede nach dem Kriterium ‚verheiratet/unverheiratet' richtet, gibt es auf der männlichen Seite nur die Form „Herr + Familienname". Man spricht deshalb auch von einer Asymmetrie im Anredeverhalten.

> „Frau", „Fräulein" gehen auf die mittelhochdeutschen Formen „vrouwe", „vrouwelîn" zurück, waren hier aber auf den Adel beschränkt und bedeuteten soviel wie ‚Herrin, Dame' bzw. ‚Jungfrau vornehmen Standes'. Erst mit dem 17. Jahrhundert, als sich „Dame" als Standesbezeichnung durchsetzte, erhielt „Frau" die Bedeutung ‚erwachsene, verheiratete Person'. Bei „Fräulein" erfolgte die Übertragung auf den bürgerlichen Bereich erst im 19. Jahrhundert.

Zumindest bis zu Beginn dieses Jahrhunderts hatte die Unterscheidung einen gewissen Sinn, den man sich so erklären kann: Die unterschiedlichen Anredeformen „Frau" und „Fräulein" spiegelten bis dahin den Umstand wider, daß für die Frau die Heirat ein bedeutsameres Ereignis darstellte als für den Mann: Die Frau übernahm nicht nur den Namen des Mannes, sondern ebenfalls seinen Sozialstatus und begab sich in rechtliche Abhängigkeit von ihm. Seitdem sich allerdings diese Verhältnisse größtenteils gewandelt haben, unter anderem durch rechtliche Gleichstellung der Frau, ist auch die Differenzierung in der Anrede sinnlos geworden. Sie scheint nur noch die Funktion zu haben zu zeigen, inwieweit eine Frau „noch zu haben" ist, und wird daher als diskriminierend weitgehend (wenn auch nicht von allen) abgelehnt. Die Anrede „Fräulein" wird deshalb immer seltener verwendet.

Im amtlichen Schriftverkehr muß nach einem Erlaß des Bundesinnenministeriums grundsätzlich bei allen weiblichen Erwachsenen die Anrede „Frau" benutzt werden. Die Anrede „Fräulein" erfolgt nur auf ausdrücklichen Wunsch hin (Guentherodt 1980, 29 f.).

Vergleichen Sie die deutschen Anredeformen mit dem Anredesystem in Ihrer Sprache. Gibt es vergleichbare Unterscheidungen? Wie lassen sie sich erklären?

_____

_____

_____

4   Kontakte eröffnen und beenden

Problemstellung

Kommunikative Kontakte sind normalerweise in einen r i t u e l l e n R a h m e n eingebunden, der den Anfang und das Ende der Kommunikation markiert. An diesem rituellen Rahmen kann man – wie wir in Kapitel 1.3 gesehen haben – sowohl die Interaktionsnormen einer Sprachgemeinschaft als auch die Art der Beziehung erkennen, die sich zwischen den Teilnehmern herausgebildet hat. Im wesentlichen handelt es sich dabei zwar „nur" um die Eröffnung und Beendigung mündlicher oder schriftlicher Kommunikation, doch für den Fremdsprachenlerner sind gerade diese rituellen Teile besonders wichtig: Denn mit ihnen wird ja nicht nur ein Text organisiert; eine große Rolle spielt der Gebrauch entsprechender Formeln und Sequenzen zudem für die sozialen Beziehungen: Wenn man Kontakte knüpfen will, wenn man sie fortsetzen oder wieder aufnehmen will. Das ist auch für das Erlernen einer fremden Sprache sehr wichtig. Im Unterricht sollte man deshalb besonders darauf aufmerksam machen, wie man sich in solchen Situationen sprachlich richtig verhält und wo man möglicherweise Fehler machen kann. Für einen interkulturell orientierten Unterricht empfiehlt es sich, schon von Beginn an die hier benötigten Routineformeln systematisch einzuführen; das bedeutet konkret, daß man erklärt, in welchen Situationen sie verwendet werden und wie sie sich von entsprechenden muttersprachlichen Formulierungen unterscheiden.

Die Studieneinheit *Methoden des fremdsprachlichen Deutschunterrichts* von Neuner und Hunfeld informiert Sie genauer über die Prinzipien des interkulturellen Fremdsprachenunterrichts.

Überblick

In den folgenden Abschnitten soll nun eine Auswahl sprachlicher Routinen dargestellt werden, und zwar anhand von direkten Gesprächen, Telefondialogen und Briefkontakten.

4.1   Direkte Kommunikation

Zitat

Im Moment der Annäherung und der Abwendung ist ein Signal fällig, das den anderen in Sicherheit wiegt. Du mußt, sagt es, keine Angst vor mir haben, ich komme und ich gehe ohne feindliche Absicht (offenbar besteht immer die Möglichkeit, daß es sich auch ganz anders verhalten könnte). Zur Abfederung des Aufpralls gibt es eine große Pufferzone ritualisierter Gesten und sprachlicher Formeln.

Zimmer (1991)

Kommentar

Sicherlich sind in den meisten Fällen des Begrüßens und Verabschiedens keine feindlichen Absichten im Spiel, trotzdem kann man auf diese ritualisierten Gesten und sprachlichen Formeln nicht verzichten, wenn man nicht unfreundlich sein will. Deshalb gibt es auch in jeder Gesellschaft Regeln für die Kontakteröffnung und -beendigung.

Gesprächseröffnung

Bei der Eröffnung von Gesprächen können die Sprecher auf ein standardisiertes Sequenzschema zurückgreifen. Die Beispiele 24 und 25 geben einige charakteristische Gesprächseröffnungen wieder.

Unterhaltung beim Morgenkaffee

(A = Mutter, B = Tochter)

1 *B:* guten morgen
2 *A:* guten morgen Johanna
3 *B: (xxx)* immer noch müde
4 *A:* hast du gut geschlafen ↑
5 *B:* oh ja s ging
6 *A:* mit tablette oder ohne
7 *B:* ohne
   /... .../

Fuchs/Schank (1975), 72; Transkription leicht verändert

	Ulla:	Guten Tag!
	Elke:	Guten Tag!
	Ulla:	Wir haben uns ja schon lange nicht mehr getroffen.
	Elke:	Ja, das stimmt.
5	*Ulla:*	Wie geht's eigentlich Ihrem Mann?
	Elke:	Ach, dem geht's ganz gut.
	Ulla:	Und was machen die Kinder?
	Elke:	Ach ja, auch. Es sind ja bald Schulferien, da geht's denen immer besser.
	Ulla:	Ja. Äh, hätten Sie Lust, heut' nachmittag zum Kaffee zu mir zu kommen?
10	*Elke:*	Oh ja, das wär' sehr schön.
	Ulla:	Ja, dann also, äh, kommen Sie heut' nachmittag so gegen vier Uhr?
	Elke:	Ja, is' gut. Um vier Uhr bin ich da.
	Ulla:	Wiedersehn!
	Elke:	Wiedersehn!

Beile/Beile (1980), 17
(Es handelt sich um einen simulierten Dialog: Die Sprecherinnen wurden gebeten, sich in die vorgegebene Situation hineinzuversetzen und sich dann zu unterhalten.)

Sprechsituation und das Verhältnis der Sprecherinnen zueinander sind in den Beispieldialogen jeweils verschieden. In Beispiel 24 haben wir es mit einem Mutter-Tochter-Gespräch zu tun, in Beispiel 25 treffen sich zwei Bekannte zufällig auf der Straße. Dennoch läßt der Ablauf des Eröffnungsteils bestimmte Parallelen und einige allgemeine Gesprächsmerkmale erkennen.

Eingeleitet wird die Kommunikation mit dem Austausch von Grußformeln, die zudem je nach Tageszeit variieren (tageszeitabhängige regionale Varianten wie „*Grüß Gott*" oder Formeln wie „*Hallo*" und ähnliches berücksichtigen wir hier zunächst nicht). Mit den Grußformeln verbunden ist häufig auch eine nominale Anrede (Beispiel 24, Zeile 2), sie kann aber auch fehlen wie in Beispiel 25. Grundsätzlich schwieriger zu beschreiben ist der parasprachliche* (Lautstärke, Intonation) und der nichtsprachliche Anteil von Begrüßungen (Mimik, Gestik); besonders erwähnt sei hier nur das Händeschütteln als die verbreitetste nichtsprachliche Form (Beispiel 26 a).

Beispiel 26   a)

b)

A: Guten Tag, Herr Thiel.
B: Ja, guten Tag, Herr Sanchez. Schön, daß Sie gekommen sind.
A: Vielen Dank noch für die Einladung. Das war wirklich sehr nett von Ihnen.
B: So, ich würde sagen, wir setzen uns dann erst mal ...

(A = Herr Sanchez, Austauschlehrer,
 B = Herr Thiel, hat A zum Kaffee eingeladen)

Beispiel 27

Gerd:	Hallo, ich hab' dich ja schon lang' nicht mehr gesehen, wie geht's denn so?
Thomas:	Oh, geht ganz gut, aber du wollt'st mich doch mal besuchen.
Gerd:	Ja, weißt du, Semesterende und die Klausuren vor der Tür, ne, da kommt man zu nichts mehr.
Thomas:	Aber morgen abend bin ich zu Hause, komm' doch mal vorbei.
Gerd:	Ja, klar, bis morgen dann. Ich komm' dann.
Thomas:	Ja, tschüs.
Gerd:	Tschüs.

Beile/Beile (1980), 17

a) Beschreiben Sie, mit welchen sprachlichen Handlungen die Sprecher die Kommunikation in den Beispielen 26 b und 27 eröffnen.

Beispiel 26 b:

A: _____

B: _____

Beispiel 27:

Gerd: _____

Thomas: _____

b) Versuchen Sie, die Beobachtungen aus beiden Beispielen zu verallgemeinern und den Ablauf verkürzt in dem folgenden Schema zusammenzufassen.

Sprecher A   Sprecher B

Literaturhinweis

Eine recht ausführliche Beschreibung der nichtsprachlichen Begrüßungsmomente gibt Goffman (1974, 111ff.). Der Autor geht auch auf die hier nicht behandelten <u>Distanzgrüße</u>, die „Grüße im Vorbeigehen" ein.

Aus der Sicht der <u>Verhaltensforschung</u> lassen sich viele Verhaltensweisen, die man beim Gruß beobachten kann (Lächeln, Kopfnicken, Händedruck), auf kulturübergreifende und angeborene Lerndispositionen zurückführen. So könne man beispielsweise das Händeschütteln als eine ritualisierte, das heißt von ihrer ursprünglichen Funktion abgelösten Form der Kräfte-Abschätzung interpretieren, oder in der Verbeugung oder im Kopfnicken komme eine Beschwichtigungsgeste zum Ausdruck. Die kulturspezifischen Ausprägungen hätten also alle dieselbe gemeinsame Basis.

Eibl-Eibesfeldt (1968) und (1984), 610ff.

Kommentar

Wie bereits erwähnt, gibt es für die Begrüßung kein starres, allgemein gültiges System von Verhaltensregeln; dennoch bestehen vor allem bei formellen Beziehungen vielfach Erwartungen, die man berücksichtigen muß, wenn man nicht als unhöflich gelten will. Ein Ausländer, der zum Beispiel erstmals bei einem deutschen Bekannten zu Gast ist, wird sich daher vermutlich eher an konventionellen Begrüßungsformen orientieren (Beispiel 26 b) als ein Student, der zufällig einen alten Freund wiedertrifft, zu dem er noch ein lockeres Verhältnis hat (Beispiel 27).

Zur Eröffnung eines Gesprächs gehört im Anschluß an die Begrüßung ferner die Erkundigung nach dem Befinden (Beispiel 24, Zeile 4ff). Häufig werden an dieser Stelle auch nur kurze Standardformeln ausgetauscht: „*Na, wie geht's/Wie geht es Ihnen? – Danke, gut. Und dir/Ihnen?*" Je nach der persönlichen Beziehung wird man im Deutschen diese Frage nur als Begrüßungsformel auffassen und deshalb immer mit „*gut*" beantworten oder bei engeren Beziehungen wahrheitsgemäß beantworten, d.h., man kann – je nach Situation – auch mit „*schlecht*" reagieren. Als eine Variante dieses Befindlichkeitsaustausches* kann man die Äußerung, daß man sich schon lange nicht mehr gesehen habe, betrachten (Beispiel 25, Zeile 3ff., Beispiel 27); sie ist ein Angebot an den Gesprächspartner, zunächst von sich zu erzählen. Die Beispiele unterstreichen im übrigen noch einmal, daß die Rollen im Gespräch nicht von vornherein festliegen, sondern erst interaktiv ausgehandelt werden. Wie ausführlich sich die Sprecher im Alltag nach dem Befinden erkundigen, richtet sich somit weitgehend nach der hergestellten oder angestrebten Beziehung, sie kann aber zum Teil auch auf kulturspezifischen Unterschieden beruhen. So kommt zum Beispiel House (1979, 79) zu der Feststellung, daß im Englischen die Erwartung einer wechselseitigen Erkundigung stärker ist als im Deutschen. Überhaupt scheint es bei der Bewertung derjenigen Gesprächsabschnitte (Sequenzen), die der Beziehungssicherung dienen (phatische Äußerungen*), von Sprache zu Sprache Unterschiede zu geben (Schneider 1986).

Bei der Eröffnung eines Gesprächs ist ebenfalls die Möglichkeit zu berücksichtigen, daß sich noch nicht alle Teilnehmer kennen (Beispiel 3 auf S. 591 zeigt das Spektrum verschiedener Kommunikationssituationen). In diesem Fall folgt auf die Begrüßung eine wiederum stark vorgeprägte Vorstellungssequenz:

Beispiel 28

– *(Student A geht zum Dozenten B in die Sprechstunde und stellt sich selbst vor)*

A: Guten Tag. Mein Name ist Karlsson.
B: Guten Tag, Herr Karlsson. Nehmen Sie doch Platz.

– *(A stellt auf einem Kongreß Frau Bléri seinem Kollegen B vor)*

A: Ich glaube, Sie kennen sich noch nicht. Das ist Herr B, Frau Bléri.
B: Angenehm/Freut mich, Sie kennenzulernen.
Frau Bléri: (reicht B die Hand) Guten Tag.

– *(Jürgen, Student, stellt Stephan seinen Bekannten Diego vor)*

Jürgen: Hallo, Stephan. Das ist Diego.
Stephan: Grüß dich, Diego. *(Händeschütteln)*
Diego: Tag, Stephan.

Japaner erwarten beim Begrüßen und gegenseitigen Vorstellen eine klare Unterscheidung nach Alter sowie familiärer und gesellschaftlicher Position. Das kann sowohl sprachlich als auch nichtsprachlich zum Ausdruck kommen (zum Beispiel durch asymmetrische Routineformeln und nach Zahl und Tiefe unterschiedenen Verbeugungen). Die entsprechenden deutschen Rituale, in denen kaum nach sozialem Rang differenziert wird, dürften Japanern daher merkwürdig vorkommen. Das Fehlen funktionaler Äquivalente kann zudem – wie Coulmas (1981, 140ff.) berichtet – bei Deutschland-Aufenthalten blockierend wirken.

Beendigung des Gesprächs

Beispiel 29

▷ Tut mir leid, Peter, aber ich muß jetzt nach Hause.
► Willst du wirklich schon gehen?
▷ Ja, ich muß morgen wieder früh aufstehen.
► Na, dann. Schade. Komm gut heim, Michael.
▷ Gute Nacht, Peter. Bis bald.

Šubik/Kurdynovsky (1982), 109

Beispiel 30

Ulrike:	So, und, wir müssen jetzt leider gehen, und wir wollten uns nochmal herzlich für Ihre Einladung bedanken. Es hat uns wirklich unheimlich gut bei Ihnen gefallen.
Herr Fröhlich:	Das ist lieb. Hoffentlich dauert's das nächste Mal nicht so lange, bis Sie wieder zu uns finden.
Frau Fröhlich:	Das wollt' ich eben gerade sagen. Helmut, ich finde, ihr müßt also in Zukunft wirklich mal etwas öfter vorbeikommen. Und es geht wirklich nicht, daß ihr noch ein Glas trinkt?
Helmut:	Ne, wirklich nicht, du.
Ulrike:	Das, das geht einfach nicht, weil wir müssen jetzt wirklich nach Hause. Wir würden unheimlich gerne dableiben, aber die Kleine halt, und das ist klar ...
Frau Fröhlich:	Ja, also dann gute Fahrt und bis bald, ne.
Ulrike:	Ja, vielen Dank, tschüs.
Herr Fröhlich:	Auf Wiedersehn.
Ulrike:	Hoffentlich sehen wir uns bald wieder.

Beile/Beile (1980), 41

Welche Handlungsschritte können Sie bei der Beendigung der Gespräche (in Beispiel 25, 29 und 30) unterscheiden?

*Beispiel 25:*_____

_____

*Beispiel 29:*_____

_____

*Beispiel 30:*_____

_____

Kommentar

Ähnlich wie bei der Gesprächseröffnung kann man auch bei der G e s p r ä c h s b e e n d i - g u n g mehrere Schritte (Jäger 1976; Gülich/Henke 1980, 16ff.) unterscheiden:

– Mit bestimmten S c h l u ß e i n l e i t u n g s s i g n a l e n (*„gut", „so", „also"* ...) können Sprecher anzeigen, daß sie bereit sind, das besprochene Thema und damit möglicherweise das gesamte Gespräch abzuschließen. Die Äußerung von *„ja, dann also"* in Beispiel 25 (Zeile 11) oder das *„so"* in Beispiel 30 (Zeile 1) wären solche Signale. Der Adressat kann nun mit einem verbalen (*„gut", „prima"* ...) oder n o n v e r b a l e m * S c h l u ß z u s t i m m u n g s s i g n a l (zum Beispiel Kopfnicken) den Themenschluß bestätigen oder aber das Thema fortsetzen (*„eines ist mir immer noch nicht klargeworden..."*) und sogar ein neues Thema einführen (*„ja, aber eine Frage haben wir noch nicht geklärt"*). Auf jeden Fall müssen beide Dialogpartner bei gleichberechtigter Redekonstellation der Schlußeinleitung zustimmen.

– Gerade nach einem persönlichen Gespräch würde man eine endgültige Beendigung an dieser Stelle als zu hart empfinden; daher kommt es häufig noch zu inhaltlichen Erweiterungen des Schlußteils. Unter anderem kann ein Sprecher eine ausdrückliche Rechtfertigung der Kontaktbeendigung geben (Beispiel 29 und Beispiel 30, Zeile 12 – 15) oder sein Bedauern darüber ausdrücken (Beispiel 29 und Beispiel 30, Zeile 1). Je nach Gesprächsgegenstand und Situationszusammenhang sind auch mehr oder weniger ausführliche Dank-Äußerungen üblich (Beispiel 30, Zeile 1 – 4, 17). Mit kurzen Zusammenfassungen wird das erreichte Gesprächsziel noch einmal abgesichert bzw. eine für die Zukunft getroffene Vereinbarung wiederholt (Beispiel 25, Zeile 16). Wichtig für die weitere Entwicklung der Beziehung sind schließlich aufgetragene Grüße, Wunschformeln (Beispiel 29, Zeile 6f. und Beispiel 30, Zeile 16) sowie die Bezugnahme auf spätere Kontakte (Beispiel 29, Zeile 8 und Beispiel 30, Zeile 19).

– Mit dem Austausch der T e r m i n a l s i g n a l e (= Schlußsignale) – meist begleitet durch Händereichen oder lockeres Zuwinken (Beispiel 29) – erfolgt dann die definitive Beendigung der Kommunikation. Die häufigsten Standardformeln dabei sind *„(Auf) Wiedersehen"* und, bei vertrauteren Kontakten, *„tschüs", „mach's gut"* oder *„bis dann"*.

Ergänzung

Im Bereich der Terminalsignale hat sich in letzter Zeit einiges – auch landeskundlich Interessantes – verändert: Es gibt eine Tendenz zu ausführlicheren Wunschformeln, zu einer „Neuen Herzlichkeit" (Zimmer 1991), die teilweise auf wörtliche Übersetzungen der entsprechenden englischen und amerikanischen Formeln zurückzuführen sind und über Film und Fernsehen den Weg in die deutsche Sprache gefunden haben. Statt oder in Ergänzung zu „Auf Wiedersehen" hört man zum Beispiel:

– *„Einen schönen Tag noch"*,
– *„Einen schönen Abend"* oder sogar: *„Einen wunderschönen Abend wünsche ich allseits"* (im Fernsehen oder Radio),

– *„Ein schönes Wochenende"* oder besonders höflich: *„Dann wünsche ich Ihnen noch ein
schönes Wochenende",*
– *„Haben Sie eine gute Zeit"* oder *„Passen Sie gut auf sich auf"* und *„Wir sehen uns
(dann)"* sind wörtliche Übersetzungen aus dem Amerikanischen.

Problem

Es gibt kaum ein Deutsch-Lehrwerk, das in den ersten Lektionen nicht detailliert auf
das Thema „Kontakteröffnung und -beendigung" eingeht. Trotzdem bleibt – wie Henrici/Herlemann (1986) in ihrer ausführlichen Analyse ermittelt haben – eine Reihe von
Kritikpunkten festzuhalten: Die Mehrzahl der auf dem Markt befindlichen Lehrbücher
verzichtet auf eine systematische Präsentation der relevanten sprachlichen Strukturen,
Bedeutungserklärungen mit eindeutigen Verwendungshinweisen fehlen häufig, zahlreiche Varianten der Begrüßungs- und Verabschiedungsformen werden nur spärlich oder
gar nicht berücksichtigt, und das Übungsangebot reicht oft nicht aus.

Arbeitsvorschlag

> *Suchen Sie in Ihren Deutschlehrbüchern Beispiele zum Thema Kontakteröffnung und -beendigung:*
>
> – *Welche Ergänzungen würden Sie vorschlagen?*
> – *Welche Übungstypen sollten im Vordergrund stehen?*

Beispiel 31

Neuner u.a. (1979), 9

Gesprächseröffnungen und -beendigungen sind für jede Kommunikation sehr wichtig, weil mit ihnen Kontakte hergestellt und weitergeführt werden können. Um Mißverständnissen und Mißerfolgen dabei vorzubeugen, kommt es darauf an, die Vermittlung der betreffenden Routinen nicht als reines Sprachtraining zu betreiben (vgl. Kap. 2.2). Der Bezug zu den kulturspezifischen Interaktionsnormen sollte immer gegenwärtig bleiben, genauer: Es muß klar werden, wie man sich in einer gegebenen Situation einer Person X gegenüber normalerweise verhält, welche Routinen man erwarten kann und wie ich in diesem Rahmen meine Intentionen und Interessen zum Ausdruck bringen kann. So weit wie möglich werden dabei die sprachlichen und nichtsprachlichen Handlungsmuster jeweils als Teil einer zusammengehörenden Einheit verschiedener Ausdrucksmöglichkeiten präsentiert und den Verhaltensweisen der eigenen Kultur gegenübergestellt. Dies beinhaltet außerdem, daß man im Unterricht deutlich macht, wie die Routineformeln von der jeweiligen Situation und der Redekonstellation abhängen: Ist der Adressat eine bekannte oder eine mir unbekannte Person, liegt eine vertraute oder eine förmliche Beziehung vor? (Vergleichen Sie dazu Schema 9 auf der folgenden Seite; zwischen den extremen Positionen „vertraut" und „distanziert" gibt es sicherlich noch weitere Abstufungen, die ich aus Gründen der Übersichtlichkeit in diesem Schema jedoch vernachlässigen mußte).

Beispiel 32

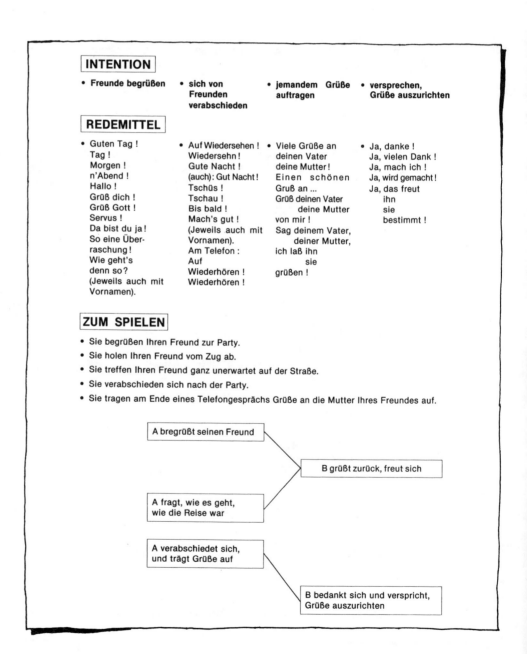

Cauquil (1984), 11

Schema 9

GESPRÄCHSERÖFFNUNG

a) Teilnehmer bekannt | vertraut | förmlich, distanziert

BEGRÜSSUNG	hallo / grüß dich / Tag / salut / . . . (+ Vorname)	(guten) Tag/Morgen/Abend / guten Tag, Herr/Frau/Fräulein Meyer / . . .

ERKUNDIGUNG NACH DEM BEFINDEN

A: Na, wie geht's? / Wie geht's dir denn so? / Wie sieht's aus? / Was macht die Kunst? / . . .
B: Danke, (ganz) gut. / Und was machst du so?
A: Bin zufrieden.

A: Wie geht es Ihnen?
B: Danke, gut. Und Ihnen?
A: Danke.

A: Wir haben uns ja schon lange nicht mehr gesehen.
B: Ja, das stimmt. Wie geht es Ihnen denn?

b) Teilnehmer unbekannt

	nicht-distanziert	förmlich, distanziert
BEGRÜSSUNG	hallo / Tag / . . .	guten Tag/Morgen/Abend

VORSTELLUNG

– jemanden vorstellen

– sich vorstellen

A: (Kennt ihr euch?) Das ist Hermann. Elfriede.
B: Grüß dich, Hermann.

Ich bin (der) Hermann. / Ich bin der Bruder von A.

A: Kennen Sie sich schon? / Darf ich bekanntmachen/ vorstellen? / (Das ist) Herr B. Frau C.
B: Angenehm. / Freut mich, Sie kennenzulernen.

Mein Name ist Meyer. / Ich heiße Bernhard Meyer.

GESPRÄCHSBEENDIGUNG

	[vertraut]	[förmlich, distanziert]
SCHLUSS-EINLEITUNG	A: gut/okay/prima . . . B: gut/ja	Ich glaube, das wär's.

RECHTFERTIGUNG, ENTSCHULDIGUNG

So, jetzt muß ich aber los. / Tut mir leid, aber ich muß jetzt wirklich gehen. / Mein Bus kommt gleich. / Ich hab noch einiges zu erledigen.

Ich bedaure/Es tut mir leid, ich muß mich jetzt verabschieden.
In einer Stunde muß ich schon wieder in X sein.

DANK

A: Und vielen Dank noch. War schön bei euch.
B: Schön, daß du gekommen bist.

A: Haben Sie vielen Dank. / Vielen Dank noch für die Einladung/ Bewirtung. / Nochmals vielen Dank für alles.
B: War schön, Sie wiederzusehen.

GRÜSSE

A: Grüß Hermann noch schön von mir, ja.
B: Mach ich.

A: Grüßen Sie bitte Ihren Mann herzlich von mir.
B: Danke, werde ich ausrichten.

WÜNSCHE, VERWEIS AUF FOLGEKONTAKTE

A: Mach's gut. / Schönen Abend noch.
B: Danke (gleichfalls).
Bis zur nächsten Woche dann. / Kommst du in den nächsten Tagen mal bei uns vorbei?

A: Gute Fahrt/Alles Gute/Viel Erfolg.
B: Danke (gleichfalls/Ihnen auch).

Wir sehen uns dann in einer Woche wieder. / Bis zur nächsten Woche dann.

VERABSCHIEDUNG

tschüs / bis dann / mach's gut / Wiederseh'n (+ Vorname)

(auf) Wiedersehen (Herr/Frau/Fräulein Meyer)

(Bemerkung: Regionale Varianten wurden hier nicht mit aufgenommen; wesentlich umfangreichere Listen finden sich bei Wildner-Bassett 1986; Henrici/Herlemann 1986.)

An solchen oder ähnlichen Situationen könnten auch spezielle Übungen ansetzen. Als Ausgangspunkt wären zum Beispiel die verschiedenen Situationstypen in Beispiel 31 auf S. 59 denkbar; die Zeichnung veranschaulicht unter anderem die Unterscheidungen, die in Schema 9 (S. 61) aufgeführt sind (Adressat bekannt/unbekannt, vertraut/nicht vertraut...) und verweist auch auf nonverbale Elemente. Je nach Schwerpunkt einer Lektion kann man einzelne Situationen und Register vertiefen und die sprachlichen Strukturen in Simulationsübungen nachspielen lassen wie in Beispiel 32 (S. 60). Geeignete Routineformeln zu unterschiedlichen Situationen finden Sie in der *Kontaktschwelle* (Baldegger u.a. 1984):

Beispiel 33

5.1.3.1 SICH VORSTELLEN

+ *Nennung des Namens*

+ ich heiße + *Name*

   mein Name ist + *Name*

+ ich bin *x*.
   Ich bin der Freund von Françoise.

5.1.3.2 JEMANDEN VORSTELLEN

+ das (hier) ist | Herr/Frau/Fräulein + *Nachname*
            | Herr/Frau/Fräulein + *Titel* + *Nachname*
            | *Vorname*
            | meine Frau/mein Mann/mein Freund

+ kennen Sie *x* (schon)?

   ich möchte Ihnen *x* vorstellen.

   darf ich vorstellen: . . .

   darf ich (Sie) bekanntmachen: . . .

5.1.3.3 REAGIEREN, WENN SICH JEMAND VORSTELLT ODER VORGESTELLT WIRD

→ BEGRÜSSEN SA 5.1.1.1
   Guten Tag! *usw.*

   angenehm!

   freut mich.

   (es) freut mich, Sie kennenzulernen.

5.1.4.1 JEMANDEN ANSPRECHEN

+ Entschuldigung, . . .

+ entschuldigen Sie (bitte), . . .
   Entschuldigen Sie, wie komme ich zum Bahnhof?
   Verzeihung, . . .

Baldegger u.a. (1984), 152 f.

Auf allgemeine Fragen der Dialogschulung können wir hier nicht weiter eingehen. Zu methodischen Vorschlägen und grundsätzlichen Erörterungen sei daher lediglich verwiesen auf Rösler 1980; Neuner u.a. 1981; Kramsch 1980, 1984; Lüger 1985.

Die Konzentration auf alltägliche Kommunikationsroutinen muß keineswegs – wie Weinrich (1981, 42) der „alltagsorientierten Fremdsprachendidaktik" vorhält – eine „Überfülle von trivialen und uninteressanten Dialogtexten" zur Folge haben. Dieser Gefahr kann man im Unterricht vor allem durch ein breitgefächertes Übungsangebot begegnen: Verfestigte und dadurch langweilige Abläufe können durch gezielte Übertreibungen und Wiederholungen ins Komische gewendet werden (zum Verfahren vgl. bereits Beispiel 2 in Kap. 1.2), durch eigens produzierte Krisensituationen (zum Beispiel Wörtlichnehmen des nicht wörtlich Gemeinten, bewußt falsche Formelanwendung usw.) lassen sich Dialoge auf kreative Weise verfremden, und schließlich brauchen auch die Rollenspiele nicht im Rahmen der altbekannten Alltagsszenen zu bleiben. „Ehrliche Fiktionalität" dürfte hier mitunter weiter führen als „fingierte Authentizität".

Rück (1983), 43

4.2 Telefondialoge

Das Telefon ist längst zu einem selbstverständlichen Medium der Alltagskommunikation geworden, es beherrscht sowohl den privaten wie auch den geschäftlichen Bereich. Dagegen hat die Bedeutung und Häufigkeit des Briefschreibens stark abgenommen.

Das Telefon erlaubt die schnelle Herstellung von Kontakten zu Personen, die direkt nicht erreichbar sind. Um Zeit und Geld zu sparen, überwiegt dabei häufig eine straffe, zweckorientierte Gesprächsführung; dies gilt besonders für geschäftliche Anrufe. Zweckorientiertheit kann außerdem bedeuten, daß man dabei weniger auf die persönliche Zuwendung (Beziehungspflege) achtet und die Kommunikation überwiegend in routinierten, erwartbaren Bahnen abläuft; man denke nur an die Handlungsmuster wie „um eine Auskunft bitten", „einen Auftrag erteilen", „eine Bestellung aufgeben" und ähnliches. Der Anrufende muß grundsätzlich damit rechnen, daß der gewünschte Kontakt nur vermittelt über andere Personen zustande kommt oder daß ein Gespräch erst später, vielleicht auch gar nicht stattfinden kann. Zur Überbrückung solcher Situationen dienen Routineformeln wie

– *„einen Moment bitte, ich verbinde weiter",*
– *„Frau A ist gerade in einer Besprechung, können Sie später nochmal anrufen",*
– *„Herr B ist in dieser Woche leider nicht zu erreichen/B ist nicht zu Hause. Möchten Sie eine Nachricht hinterlassen/kann ich etwas ausrichten?".*

Da beim Telefonieren der gesamte nichtsprachliche Kommunikationsanteil (Mimik, Gestik) wegfällt, ist nicht nur die Beziehungsgestaltung im Gespräch schwieriger; es treten auch leichter Probleme bei der Interpretation auf. Hieraus können sich für ausländische Sprecher – neben den normalen Sprachproblemen – besondere Schwierigkeiten ergeben. Außerdem kann es bei der Eröffnung und Beendigung von Telefongesprächen Unterschiede zwischen Muttersprache und Fremdsprache geben. Deshalb werde ich diese Sequenzmuster ausführlicher behandeln.

Problemstellung

Gesprächseröffnung

Beispiel 34

Privater Anruf

(A und B sind befreundet, A ruft bei B an)

```
1 B:      B
2         (B meldet sich mit seinem Familiennamen;
3         im weiteren Gespräch werden nur Vornamen
4         gebraucht)
5 A:      morgen B
6 B:    ⌈ hallo A
7 A:    ⌊ hallo ich wollt dich einmal aufwecken
8 B:      das ist aber gut ich bin schon längst
9         aufgeweckt A
10 A:     äh von wem ↑
          [ ... ... ]
11 A:   ⌈ gut also bis
12 B:   ⌊      gut A ja und werd richtig wach
13 A:   ⌈        ja   (kurzes Lachen)
14 B:   ⌊ nicht ↑ und kurier deinen Schnupfen
15 A:   ⌈ das kommt schon        also   (xxx)*
16 B:   ⌊ (kurzes Lachen) gut good-bye wiederhören
17 B:     bis dann
```

Fuchs/Schank (1975), 62 ff.   * (Passagen mit simultanem Sprechen)

*a) Lesen Sie noch einmal die Textbeispiele 1 (S. 6), 4 und 5 (S. 11) in Kapitel 1
und den Dialog (Beispiel 34), S. 63. Mit welchen Handlungsschritten werden
die Gespräche jeweils eingeleitet und beendet?*

	Einleitung	Beendigung
Beispiel 1	_____	_____
	_____	_____
Beispiel 4	_____	_____
	_____	_____
Beispiel 5	_____	_____
	_____	_____
Beispiel 34	_____	_____
	_____	_____

*b) Vergleichen Sie die Sequenzmuster mit der Beschreibung direkter Gespräche
in Kapitel 4.1 (52ff.): Welche Ausdrücke und Formeln sind spezifisch für die
Telefonkommunikation?*

Kommentar

Eine kurze Beschreibung der Einleitungssequenz von Telefondialogen habe ich
bereits in Kapitel 1.3 gegeben. Die angerufene Person kann entweder mit einem *„ja"*
oder *„hallo"* (Beispiel 5, Zeile 1) ihre Gesprächsbereitschaft signalisieren oder – was im
Deutschen die übliche Form ist – mit der Nennung ihres Namens eine Selbstidentifikation* (mit Signalisierung der Gesprächsbereitschaft) durchführen (wie in den Beispielen 1, Zeile 2; Beispiel 4, Zeile 2 und 34, Zeile 1). Bei nichtprivaten Gesprächen meldet
sich der Adressat häufig als Vertreter der betreffenden Institution und mit angeschlos-
senem Gruß: *„Firma X, guten Tag".* Diese Art der Reaktion, die Gesprächsbereitschaft + Selbstidentifikation + Begrüßung vereinigt, ist die anrufer- und kundenfreund-
lichste Form; darüber hinaus trägt sie zur Verkürzung der Gesprächseinleitung bei. Auf
die Selbstidentifikation oder das Gesprächsbereitschaftssignal (*ja, hallo, ...*) des Adressaten folgen normalerweise die Begrüßung und die Selbstidentifikation durch den
Anrufer (Beispiel 1, Zeile 3; Beispiel 4, Zeile 3; Beispiel 5, Zeile 2). Diese kann unter
Personen, die sich gut kennen, bisweilen entfallen, dann nämlich, wenn der Anrufer versucht, sich wie in Beispiel 34, Zeile 5 durch seine Stimme zu erkennen zu geben. Erst
wenn diese Stimmprobe scheitert, wäre eine explizite Selbstidentifikation notwendig.

Nach diesen Eröffnungssequenzen folgt, abhängig vom Charakter des Gesprächs, die
Thematisierung des eigentlichen Zwecks des Anrufs (in Beispiel 1, Zeile 3 – 5 und in
Beispiel 4, Zeile 3 – 8 jeweils eine Bitte um Auskunft) oder eine weitere Sequenz, die
der Beziehungspflege dient: die Erkundigung nach dem Befinden (Beispiel 5, Zeile 3),
das Wetterthema (Beispiel 5, Zeile 4ff.) oder andere Themen.

Literaturhinweis

Die Abfolge bei der Eröffnung von Telefondialogen läuft nicht in allen Sprachen
gleich ab (vgl. Schegloff 1968; Godard 1977; Gülich/Henke 1980, 11ff.). Ein un-
gewohntes Ablaufmuster muß deshalb aber nicht in jedem Fall irritierend wirken. So betont zum Beispiel Bertrand (1988, 95), daß man im Unterschied zum
französischen *„allô"* bei einem deutschen Adressaten sofort weiß, woran man ist:
Bei *„Meier"* sei Herr oder Frau Meier am Apparat, mit *„Hans"* oder *„Inge Meier"* würden sich die Kinder melden und, nehme die Putzfrau oder ein Gast den
Hörer ab, dann heiße es *„bei Meier".*

Mit der Frage, wie man sich am besten bei einem Anruf meldet, befassen sich auch die Stellungnahmen in Beispiel 35. Sie können diese Interviews auch im Unterricht verwenden und beispielsweise die folgenden Fragen dazu stellen:

– *Welche Gründe werden für eine Nennung des Namens vorgebracht?*

– *Wann kann ein einfaches „hallo" oder „ja" von Vorteil sein?*

– *Wie beurteilen Sie die Argumente? Was empfinden Sie als höflich(er)?*

– *Wie meldet man sich bei uns am Telefon?*

Beispiel 35

Walter Baumann, Drucktuchkonfektionierer
Ich sage Guten Tag und meinen Namen. Es ist unhöflich, wenn man nicht den Namen sagt. Man will ja schließlich wissen, mit wem man es zu tun hat. Wenn jemand nur „Ja" sagt, frage ich sofort, wer dran ist. Ich finde es einfach blöd, wenn man da ewig rumfragen muß. Aber ich glaube, solche Leute haben Angst vor dem Telefonieren.

Monika Stucke, Schülerin
Ich sage meinen ganzen Namen, also Vor- und Nachname. Ich mache das auch deshalb, weil wir ein Geschäft haben und ich meine, die Leute sollen wissen, daß ich am Telefon bin und nicht meine Mutter. Es ist mir bei anderen Leuten aber egal, wie sie sich da verhalten. Das soll jeder so machen wie er will.

Siegfried Köhnke, Vertreter
In letzter Zeit werde ich häufig angerufen und wenn ich dann meinen Namen nenne, legt der Anrufer wieder auf. Deshalb sage ich schon mal auch nur „Hallo". Aber normalerweise sage ich meinen Namen. Ich finde es zwar nicht gerade unhöflich, sich nicht namentlich zu melden, besser ist es aber, wenn der Anrufer weiß, wer dran ist.

aus: Illustrierte Wochenzeitung (6.8.1988)

Mit „Hallo" melden?

Wenn man telefoniert oder angerufen wird, weiß man oft nicht sofort, wer am anderen Apparat ist. Die einen melden sich mit ihrem Namen, andere nur mit einem Ja oder Hallo. Bei den Franzosen zum Beispiel ist letzteres gang und gäbe. Ist das nicht unhöflich?

Wolfgang Fuchs, Kfz-Mechaniker
Ich melde mich mit meinem Namen. Wenn sich andere nur mit „Ja" melden und ich den Betreffenden kenne, macht mir das nichts aus. Aber bei Fremden ärgert es mich, denn man will ja wissen, wer dran ist. Ich nenne immer meinen Namen, ich finde das einfach besser, das führt so zu keinen Mißverständnissen und der andere braucht nicht ewig nachzufragen.

Ingeborg Wirbser, Hausfrau
Ich finde es nicht gut, wenn man seinen Namen nicht sagt, schließlich könnte man sich ja verwählt haben, und durch die Namensnennung weiß man das dann sofort. Darum melde ich mich mit Namen. Aber ich denke, daß Leute, die ihren Namen nicht nennen möchten, schlechte Erfahrungen gemacht haben, daß da vielleicht mal obszöne Anrufe waren.

Nina Peglow, Studentin
Ich melde mich mit „Ja, hier Telefon". Das erwartet nämlich niemand und da liege ich schon mal fünf Meter vorne. Das mache ich aber nur privat. Sicher, es ist schon unhöflich, wenn man sich nicht mit dem Namen meldet, aber zu Hause rufen mich meist nur Leute an, die ich kenne und die, die ich nicht kenne, will ich auf Distanz halten.

Gesprächsbeendigung

Bei der B e e n d i g u n g von Telefondialogen sind die Unterschiede gegenüber der direkten Kommunikation geringer als im Eröffnungsteil. Nach der Schlußeinleitung, die normalerweise der Anrufer eröffnet, kommen in gleicher Weise Sequenzen der Rechtfertigung (*„so, jetzt muß ich aber Schluß machen"*), des Danksagens, Grüßeausrichtens, Wünscheäußerns und der Besprechung späterer Kontakte vor (vergleichen Sie hierzu die Beispiele 5, S. 11, Zeile 7 ff. und 34, S. 63, Zeile 11 ff.). Es versteht sich, daß diese Sequenzen je nach Gesprächstyp und Vertrautheitsgrad zwischen den Teilnehmern variieren. Nur für die Verabschiedung stehen spezielle Routineformeln zur Verfügung (*„auf Wiederhören – auf Wiederhören"*); sie wurden im privaten Bereich allerdings weitgehend ersetzt durch weniger formell wirkende Terminalsignale wie *„tschüs"* oder *„mach's gut"*. Eine Zusammenstellung der Formeln, die am häufigsten verwendet werden, finden Sie in der folgenden Übersicht (Schema 10); ich habe dabei vor allem die für die Telefonkommunikation spezifischen Formen berücksichtigt.

Schema 10

GESPRÄCHSERÖFFNUNG

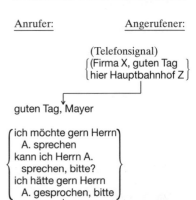

vertraut – privat		förmlich, distanziert – geschäftlich	
Anrufer:	Angerufener:	Anrufer:	Angerufener:

SIGNALISIERUNG
VON GESPRÄCHS-
BEREITSCHAFT

IDENTIFIKATION

BEGRÜSSUNG

vertraut – privat

Angerufener:
(Telefonsignal)
{ Müller / Frau Müller / Andreas Müller }

Anrufer:
{ ja / hallo }

{ hallo / grüß dich / Tag } + (Vorname)
{ hier Peter (Jakob) / Peter am Apparat }

Angerufener:
{ Tag / hallo / grüß dich } + (Vorname)

**ERKUNDIGUNG NACH DEM
BEFINDEN
ERÖFFNUNG EINES
ANDEREN HANDLUNGS-
SCHEMAS**

förmlich, distanziert – geschäftlich

Angerufener:
(Telefonsignal)
{ (Firma X, guten Tag / hier Hauptbahnhof Z }

Anrufer:
guten Tag, Mayer

{ ich möchte gern Herrn A. sprechen / kann ich Herrn A. sprechen, bitte? / ich hätte gern Herrn A. gesprochen, bitte }

Angerufener:
(einen Moment bitte, ich verbinde)
Arendt (guten Tag)

**ERÖFFNUNG EINES ZENTRA-
LEN HANDLUNGSSCHEMAS**

ja, hier Mayer,
{ ich rufe an, weil... / ich möchte gern wissen,... }

GESPRÄCHSBEENDIGUNG

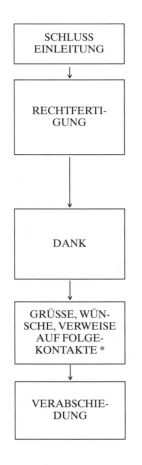

SCHLUSS
EINLEITUNG

RECHTFERTI-
GUNG

DANK

GRÜSSE, WÜN-
SCHE, VERWEISE
AUF FOLGE-
KONTAKTE *

VERABSCHIE-
DUNG

vertraut – privat

{ so/schön / gut/okay / prima }

{ jetzt muß ich aber Schluß machen / ich glaub, nun haben wir lange genug geredet }

ja/gut/okay

vielen Dank noch

war doch selbst-
verständlich

...   ...

{ mach's gut / tschüs / bis dann / wiederhören } { mach's gut / tschüs / bis dann / wiederhören }
(+ Vorname)   (+ Vorname)

(oft gleichzeitig)

förmlich, distanziert – geschäftlich

{ gut / das wär's eigentlich / das wollte ich wissen }

{ gut / ja }

{ vielen Dank / ich bedanke mich }

{ bitte / nichts zu danken }

...   ...

auf Wiederhören   (auf) Wiederhören
(Herr A.)   (Herr Mayer)

(oft gleichzeitig)

* Vergleichen Sie dazu Schema 9, S. 61

Im Unterricht wird es zunächst darauf ankommen, einige Unterschiede im Ablauf von direkten und telefonischen Gesprächen herauszuarbeiten. Anhand der Vorinformationen in dieser Studieneinheit und einer Auswahl geeigneter Lehrbuchtexte läßt sich eine Sammlung von Ausdrücken zusammenstellen, die man an Situationen wie in Beispiel 36 auf S. 68 üben und erweitern kann. Insbesondere für die Vorbereitung von Austauschkontakten sind diese Übungen sehr sinnvoll und wichtig.

Die Lernenden sind erfahrungsgemäß sehr motiviert beim Umgang mit dem Medium Telefon; man sollte es deshalb einsetzen, und zwar speziell für Transferübungen im Anschluß an die Lektionsarbeit.

Dabei können Sie mit Hilfe der Klapptafel (falls vorhanden) eine Gesprächssituation herstellen, die es ermöglicht, wie in der Skizze angedeutet, den nonverbalen Kommunikationsanteil auszuschalten. Außerdem kann man versuchen, für die Durchführung der Übungen Telefonapparate zu bekommen, die von der Post ausgemustert wurden.

Ziel der Übungen ist die Beherrschung der wichtigsten Routineformeln und ihrer Verwendungsmöglichkeiten (Lüger-Ludewig/Lüger 1981). Da diese Formeln – wie wir gesehen haben – von Variablen der Situation und des Sprecherverhältnisses abhängen, sollten auch die Gesprächsanlässe unter den verschiedensten Rahmenbedingungen durchgespielt werden: Aus einer Kombination der Merkmale „vertraut – förmlich", „privat – geschäftlich", „höflich – unhöflich" ergibt sich ein breites Spektrum. Je nach gegebenem Sprachniveau eines Kurses läßt man die Gespräche vorher in Partner- oder Gruppenarbeit vorbereiten; genauere Vorgaben bezüglich des Ablaufs sind meist nicht erforderlich, da ja die Eröffnungs- und Beendigungssequenzen im Vordergrund stehen. Grundsätzlich gilt auch hier, daß man möglichst nach phantasievollen Redeanlässen suchen sollte: originelle Gesprächsrollen, Verfremdungen von Lektionstexten, man kann auch bewußte Mißverständnisse oder – wie in Beispiel 36 – zusätzliche Gesprächsentwicklungen einbauen.

Das persönliche Gespräch . . .

Häublein/Scherling/Häusler (1982), 8f.

... und das Telefonat

4.3 Briefkontakte

Problemstellung

„Der Brief ist die einzige entwickelte schriftliche Kommunikationsform, die jedes erwachsene soziale Individuum auch außerhalb expliziter Lernsituationen sowohl passiv als auch aktiv verwendet." Diese Feststellung Ermerts (1979, 55) muß man heute, zumindest was den Aspekt der aktiven Verwendung betrifft, fast mit einem Fragezeichen versehen, denn die Konkurrenz des Telefons hat die Kommunikationsform „Brief" insgesamt stark zurückgedrängt. Praktisch bleiben dem Brief nur noch zwei wichtige Funktionen, in denen er noch nicht ersetzt werden kann:

– Im geschäftlichen Bereich dienen Briefe und die schnellere Variante, das Telefax, zusätzlich zu mündlichen Abmachungen häufig als rechtsverbindliche Bestätigung (zum Beispiel bei mündlichen Preisangeboten oder bei Reservierungen).
– Für bestimmte private Mitteilungen, vor allem, wenn es um die Erfüllung konventioneller Höflichkeitspflichten geht, ist der Brief ebenfalls noch sehr wichtig: bei Glückwünschen, Danksagungen oder Beileidsbekundungen. Im deutschsprachigen Raum gehört es beispielsweise zur Höflichkeitspflicht, sein Beileid schriftlich zu übermitteln (Büchle 1991, 22). Hier werden Fragen des guten Tons berührt, für die früher sogenannte Anstandsbücher und Briefsteller die betreffenden Informationen bereithalten.

Erklärung

> Briefsteller und Anstandsbücher waren bis zum Anfang unseres Jahrhunderts sehr verbreitet. Briefsteller enthalten stilistische Hilfestellungen und Beispiele für verschiedene Briefformen wie Geschäfts-, Mahn- und Dankesbriefe. Anstandsbücher geben Ratschläge für richtiges Verhalten, zum Beispiel bei Einladungen, beim Essen, Tanzen usw. Heute gibt es viel weniger allgemein verbindliche Anstandsregeln. Das Verhalten ist insgesamt „informeller" geworden.

Fest steht jedoch, daß mit dem angesprochenen Wandel der Kommunikationsgewohnheiten dem Brief bei bestimmten Anlässen und gerade aus dem Kontrast zu direkter oder telefonischer Kommunikation heraus eine besondere Bedeutung zukommt: Er signalisiert Offizialität, Formalität und in gewissen Fällen (zum Beispiel bei schriftlichen Einladungen) Anerkennung der in einer gesellschaftlichen Gruppe geltenden Verhaltensstandards (Ettl 1984, 208; Ermert 1979, 110).

Das Briefschreiben beschränkt sich jedoch nicht allein auf die geschäftliche Bestätigungsfunktion und die Erfüllung konventioneller Pflichten. Nur: In den übrigen Kommunikationsbereichen wurde der Brief teilweise ersetzt durch schnellere, weniger aufwendige Übermittlungsformen. Für den Deutschlernenden gibt es allerdings nach wie vor eine Reihe von Motiven, die dafür sprechen, sich im Unterricht intensiver mit dem Thema „Briefkommunikation" zu beschäftigen, und für die das Telefon meist nicht in Frage kommt: zum Beispiel Brieffreundschaften, die Vorbereitung von Austauschbesuchen, die Beschaffung von Informationsmaterial bei Institutionen oder Reisebüros, die Vorbereitung von Ferien- oder Studienaufenthalten in einem deutschsprachigen Land und nicht zuletzt Anfragen oder Bewerbungen zur Ableistung von Berufspraktika.

Mehr über diese Form der Briefkommunikation erfahren Sie in der Studieneinheit *Kontakte knüpfen*. Dort erhalten Sie auch Anregungen für Briefkontakte mit deutschen Schulklassen.

Wer in einer fremden Sprache Briefe schreiben will, braucht präzise Kenntnisse darüber, wie je nach Anlaß und Adressat angemessen formuliert wird und welche kulturspezifischen Regeln oder Normen man berücksichtigen sollte. Und daß es hier nicht in erster Linie um grammatisches Regelwissen geht, läßt sich wiederum sehr deutlich im Eröffnungs- und Beendigungsteil zeigen. Unsere Beispiele haben wir verschiedenen Briefstellern entnommen.

a) *Vergleichen Sie die beiden Bewerbungsschreiben (Beispiel 37 a) und (Beispiel 38). Wo liegen die Hauptunterschiede?*

_____

_____

_____

b) *Wie deuten Sie die aus heutiger Sicht ungewöhnlich klingenden Formulierungen in (Beispiel 37 a)? Ziehen Sie hierzu ebenfalls die Auszüge (Beispiel 37 b – d) heran.*

_____

_____

_____

(a)

Bewerbung um eine ausgeschriebene Stelle.

Frankfurt a. M., den . . Mai 19 . .

Sehr geehrter Herr!

Unter höflicher Bezugnahme auf das Inserat in der heutigen Nummer der „Vakanzenzeitung" gestatte ich mir, Ihnen meine Dienste für die in Ihrem Geschäft vakante Gehilfenstelle ganz ergebenst anzubieten.

Ich bin im Jahre 18 . . in Schwiebus als Sohn eines Buchhändlers geboren, besuchte die Realschule daselbst und besitze die Befähigung zum Einjährigen-Dienst. Ich verbrachte meine Lehrzeit in der Verlagshandlung von A. Ruppius, Berlin und blieb noch nach beendeter Lehre zwei Jahre als Gehilfe in der Firma. Darauf nahm ich eine Stelle als erster Verkäufer bei Müller & Meyer in Frankfurt an, in welcher Handlung ich mich zurzeit noch ungekündigt befinde.

Abschriften meiner Zeugnisse erlaube ich mir beizufügen.

Ich glaube allen Anforderungen, die Sie an den Gehilfen einer kaufmännisch betriebenen Verlagshandlung stellen, gewachsen zu sein.

Ich gestatte mir noch zu bemerken, daß ich mich in nächster Zeit zu verheiraten gedenke. Ein Monatsgehalt von mindestens 200 Mark muß ich daher erbitten. Da ich aber zurzeit denselben Satz schon beziehe, hoffe ich bei meinen Sie hoffentlich zufriedenstellenden Leistungen auf baldige Aufbesserung.

In vorzüglichster Hochachtung

ganz ergebenst

Germar Neumann.

Otto (1910), 321 f; (Erläuterungen finden Sie auf S. 73ff.)

(b) <u>Bewerbung</u>

```
Hochverehrte Frau Bürgermeister!


    ...   ...



Als Ihre ganz ergebene

(Unterschrift)
```

(c) Geburtstagsgratulation an einen Vorgesetzten

```
Hochverehrter Herr Rat!


    ...   ...



In hochachtungsvoller Verehrung verharre ich
Euer Hochwohlgeboren
treu ergebener

(Unterschrift)
```

(d) Entschuldigungsschreiben an einen Lehrer

```
Hochgeehrter Herr Lehrer!


    ...   ...



Ergebenst

(Unterschrift)
```

Otto (1910), 320, 119, 94

Briefsteller enthalten Musterbriefe, also nicht real geschriebene Briefe. Trotz aller Vorbehalte, die man nun gegen diese Art Ratgeber haben mag (zum Beispiel, weil sie oft längst überholte Formulierungen empfehlen), geben sie dennoch einen gewissen Einblick in Konventionen und Verhaltensnormen der betreffenden Gesellschaft. Besonders deutlich wird das, wenn man die Musterbriefe aus dem zitierten älteren Briefsteller mit denjenigen aus einem neueren (vgl. Beispiel 38) vergleicht:

Kommentar

Die Differenzierung nach sozialem Rang oder beruflicher Position, die man in Beispiel 37 noch ablesen kann, wird heute nicht mehr vorgenommen. Grund dafür sind gesellschaftliche Veränderungen, die auch dazu geführt haben, daß sich die Anredekonventionen mittlerweile gelockert haben (vergleichen Sie dazu Kapitel 3.1); das zeigt sich auch in der Briefgestaltung. Selbst bei einer Bewerbung, wären solche Ergebenheitsformeln heute nicht angebracht. Den heutigen Sprachstil könnte man, wenigstens im öffentlichen Bereich, als „sachlich schlicht" bezeichnen, und auch die alte Regel, daß ein Text nicht mit einer „ich"-Form beginnen darf, scheint nicht mehr gültig zu sein (Beispiel 38). Nicht wesentlich geändert hat sich dagegen die Ablaufstruktur von Briefen:
– Mit der A n r e d e , dem ersten Schritt der Texteröffnung, sieht man ab von der Orts- und Datumsangabe, markiert der Verfasser die Beziehung, die er zum Adressaten einnimmt. Die Wahl der betreffenden Formel ergibt sich einerseits aus dem bisherigen Briefwechsel und der Art der persönlichen Beziehung zwischen den Briefpartnern sowie aus der vorgegebenen Situation, andererseits kann der Briefschreiber die Beziehung aber auch neu definieren. So signalisiert zum Beispiel ein Wechsel von „sehr geehrter Herr X" zu „lieber Herr X" die Einführung einer höheren Vertrautheitsstufe zwischen den Kommunikationsteilnehmern, umgekehrt weist die Rückkehr zu einer förmlicheren Anrede darauf hin, daß sich der Absender von seinem Briefpartner distanzieren will.

```
Kerstin Müller                    Wensbach, den ...
Vogelsangstr. 20
6719 Wensbach
Tel. 0612/33 44 1



Grazer Aktienbank
Personalabteilung
Bismarckstr. 10

6700 Hessental



Ihre Anzeige vom ... in der Hessischen Zeitung



Sehr geehrte Damen und Herren,

ich bewerbe mich um die von Ihnen ausgeschriebene Stelle
als Bankkauffrau. Alle Voraussetzungen, die Sie in Ihrer
Ausschreibung erwähnen, kann ich erfüllen.
Nach meiner Ausbildung war ich drei Jahre bei der Wen-
felder Gemeindebank tätig. Zu meinen derzeitigen Aufgaben
bei der Gerstätter Glyptobank gehören:
- die Kundenbetreuung und -beratung
- sämtliche Buchungsangelegenheiten
- die Kontoverwaltung für Großkunden.
Außerdem habe ich mich durch mehrere Fortbildungskurse
auf dem Gebiet der Wertpapierberatung kompetent gemacht.
Da ich an einem ausbaufähigen Arbeitsplatz in einer
größeren Bank interessiert bin, möchte ich mich verändern.
Die Tätigkeit bei Ihrem Unternehmen kann ich frühestens
im September aufnehmen.
Über eine Einladung zum Vorstellungsgespräch würde ich
mich sehr freuen.

Mit freundlichen Grüßen



Anlagen
Lebenslauf
Lichtbild
Zeugnisse
```

nach: Reichel (1989), 63

In der Geschäftskorrespondenz lautet die Anrede *„Sehr geehrte Damen und Herren"* im ersten Brief, wenn man noch keine Namen kennt. Vor der eigentlichen Eröffnung stehen bei Geschäftsbriefen – wie in Beispiel 38 – meist noch die Anschriften von Absender und Adressat sowie der „Betreff" und der „Bezug"; vor etwa fünfzehn Jahren schrieb man noch:

Betr.: Bewerbung
Bez.: Ihre Anzeige...

Heute läßt man häufig die Nennung von „Betreff" und „Bezug" weg, man schreibt nur:

Bewerbung
Ihre Anzeige

Den Wegfall kann man ebenfalls mit der bereits erwähnten Tendenz zur ‚sachlich-schlichten' Form erklären. Auf der anderen Seite hat aber auch die Verwendung der vertrauten Anrede *„Lieber Herr X"* in den letzten Jahren stark zugenommen:

Aber schon – amerikanische Sitte – beglückwünscht mich der Hersteller meines neuen Staubsaugers (…) als seinen *Lieben Kunden* zur Wahl seines Produkts, und wildfremde Menschen, die nur ein paar Auskünfte von mir wollen, heben ihre Briefe mit Lieber Herr … an. (Zimmer 1991)

Literaturhinweis

Wenn Sie sich genauer für Fragen der Briefgestaltung interessieren, empfehle ich Ihnen die Bücher von Manekeller (1984), Schmitz/Scheiner (1983) oder Sachs (1991).

– Die anschließende vorthematische Phase kann umfassen: den D a n k für eventuell vorher erhaltene Mitteilungen, die B e z u g n a h m e a u f d e n S c h r e i b a n l a ß („als Antwort auf Ihre Anfrage vom…", „bezugnehmend auf Ihr Angebot…") oder die E n t s c h u l d i g u n g für eine verspätete Antwort (sogenannter Säumigkeitstopos: *„leider komme ich erst heute dazu…"*). Danach erfolgt gewöhnlich der Übergang zur Themenbehandlung.

– Für den zweiten Teil des rituellen Rahmens, die Kontaktbeendigung, kann man folgende Schritte unterscheiden: gegebenenfalls die Wiederholung einer D a n k e s -
ä u ß e r u n g , die Formulierung von W ü n s c h e n für den Adressaten, den Ve r w e i s a u f F o l g e k o n t a k t e , das Auftragen von G r ü ß e n , die S c h l u ß f o r m e l und die U n t e r s c h r i f t . Als Standardschlußformel hat sich in den letzten zwei Jahrzehnten *„mit freundlichen Grüßen"* durchgesetzt; der Ausdruck gilt als weitgehend neutrale Formel und kann in den meisten Fällen verwendet werden. Lediglich bei vertrauteren Beziehungen schreibt man: *„mit herzlichen Grüßen", „herzlichst"*... Die noch in vielen Lehrbüchern vorgeschlagene Formel *„hochachtungsvoll"* kommt dagegen kaum noch vor. Sie wird allenfalls noch verwendet, um auf besondere Weise die Distanz zwischen den Briefpartnern zum Ausdruck zu bringen.

Aufgabe 22

Welcher der beiden folgenden Briefe (Beispiel 39 a oder b) wirkt auf Sie moderner? Begründen Sie Ihre Meinung auch, indem Sie die veralteten Routineformeln den modernen gegenüberstellen.

veraltet   *modern*

_____   _____

_____   _____

_____   _____

_____   _____

_____   _____

_____   _____

_____   _____

_____   _____

(a)

```
Betr.: Rechnung ...vom ...


Sehr geehrter Herr König!

Es wäre mir sehr damit gedient, wenn Sie die Güte haben
wollten, den Betrag meiner Reparaturrechnung vom ... ,
in Höhe von


              DM 48,-

an einem der nächsten Tage auf mein Girokonto Köln ...
zu überweisen. Im voraus verbindlichsten Dank.

Hochachtungsvoll
```

nach: Manekeller (1984), VI, 3, S. 5

(b)

```
Unsere Rechnung ... vom ...


Sehr geehrter Herr Lohe,

wie Sie der beigefügten Rechnungskopie entnehmen können,
waren 110 DM am ... spätestens fällig. Wir bitten Sie, den
Betrag in den nächsten Tagen zu überweisen. Vielen Dank.

Mit freundlichem Gruß




Anlage
Rechnungskopie
```

nach: Manekeller 1984, VI, 3, S. 10

Die wichtigsten Ausdrucksformen sind anschließend in einer Übersicht zusammengefaßt:

Schema 11

KOMMUNIKATIONSERÖFFNUNG

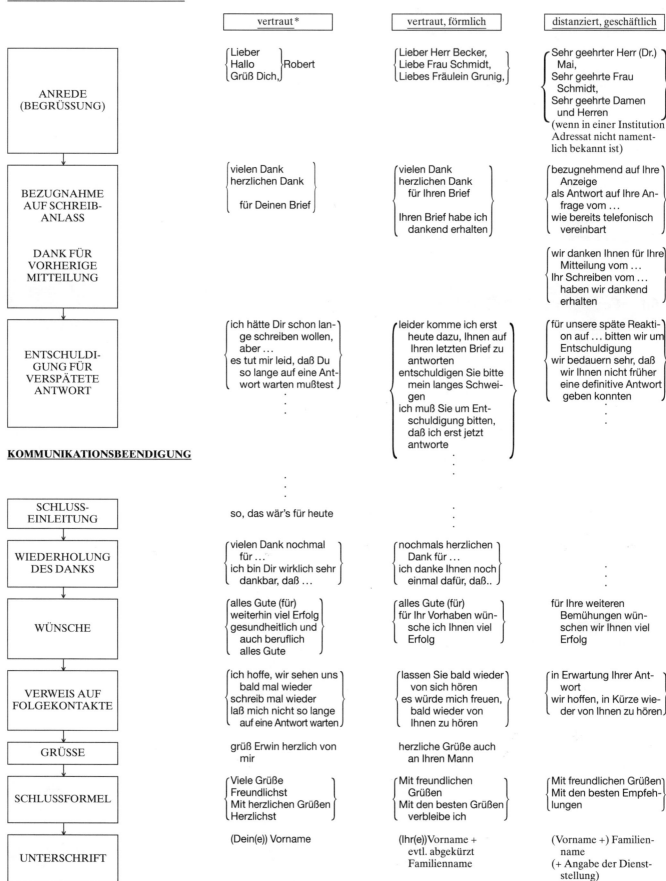

	vertraut*	vertraut, förmlich	distanziert, geschäftlich
ANREDE (BEGRÜSSUNG)	Lieber / Hallo / Grüß Dich, } Robert	Lieber Herr Becker, / Liebe Frau Schmidt, / Liebes Fräulein Grunig,	Sehr geehrter Herr (Dr.) Mai, / Sehr geehrte Frau Schmidt, / Sehr geehrte Damen und Herren (wenn in einer Institution Adressat nicht namentlich bekannt ist)
BEZUGNAHME AUF SCHREIB-ANLASS	vielen Dank / herzlichen Dank / für Deinen Brief	vielen Dank / herzlichen Dank für Ihren Brief / Ihren Brief habe ich dankend erhalten	bezugnehmend auf Ihre Anzeige / als Antwort auf Ihre Anfrage vom … / wie bereits telefonisch vereinbart
DANK FÜR VORHERIGE MITTEILUNG			wir danken Ihnen für Ihre Mitteilung vom … / Ihr Schreiben vom … haben wir dankend erhalten
ENTSCHULDI-GUNG FÜR VERSPÄTETE ANTWORT	ich hätte Dir schon lange schreiben wollen, aber … / es tut mir leid, daß Du so lange auf eine Antwort warten mußtest	leider komme ich erst heute dazu, Ihnen auf Ihren letzten Brief zu antworten / entschuldigen Sie bitte mein langes Schweigen / ich muß Sie um Entschuldigung bitten, daß ich erst jetzt antworte	für unsere späte Reaktion auf … bitten wir um Entschuldigung / wir bedauern sehr, daß wir Ihnen nicht früher eine definitive Antwort geben konnten

KOMMUNIKATIONSBEENDIGUNG

	vertraut*	vertraut, förmlich	distanziert, geschäftlich
SCHLUSS-EINLEITUNG	so, das wär's für heute		
WIEDERHOLUNG DES DANKS	vielen Dank nochmal für … / ich bin Dir wirklich sehr dankbar, daß …	nochmals herzlichen Dank für … / ich danke Ihnen noch einmal dafür, daß..	
WÜNSCHE	alles Gute (für) / weiterhin viel Erfolg / gesundheitlich und auch beruflich / alles Gute	alles Gute (für) / für Ihr Vorhaben wünsche ich Ihnen viel Erfolg	für Ihre weiteren Bemühungen wünschen wir Ihnen viel Erfolg
VERWEIS AUF FOLGEKONTAKTE	ich hoffe, wir sehen uns bald mal wieder / schreib mal wieder / laß mich nicht so lange auf eine Antwort warten	lassen Sie bald wieder von sich hören / es würde mich freuen, bald wieder von Ihnen zu hören	in Erwartung Ihrer Antwort / wir hoffen, in Kürze wieder von Ihnen zu hören
GRÜSSE	grüß Erwin herzlich von mir	herzliche Grüße auch an Ihren Mann	
SCHLUSSFORMEL	Viele Grüße / Freundlichst / Mit herzlichen Grüßen / Herzlichst	Mit freundlichen Grüßen / Mit den besten Grüßen verbleibe ich	Mit freundlichen Grüßen / Mit den besten Empfehlungen
UNTERSCHRIFT	(Dein(e)) Vorname	(Ihr(e)) Vorname + evtl. abgekürzt Familienname	(Vorname +) Familienname (+ Angabe der Dienststellung)

* Es versteht sich, daß die angegebenen drei Rubriken nur Ausschnitte eines Spektrums wiedergeben können.

5 Höflichkeit

Wenn Menschen miteinander kommunizieren, dann tauschen sie nicht nur möglichst effizient Informationen aus: Die Kommunikationspartner geben immer auch Hinweise darauf, wie sie zueinander stehen, wie sie bestimmte Äußerungen beurteilen, welche Wertschätzung sie dem anderen entgegenbringen und welche Wertschätzung sie für sich selbst verlangen. Mit den rituellen Mustern, die sie zur Kontakteröffnung und -beendigung verwenden, gestalten sie die Art der Beziehung zueinander, wie ich bereits im vorangegangenen Kapitel gezeigt habe. Rituelle Muster sind demnach spezielle (nicht ausschließliche) Ausdrucksformen der Beziehungsgestaltung. Die Art und Weise nun, in der die Partner ihre gegenseitige Respektierung zum Ausdruck bringen, kann mehr oder weniger höflich sein; Höflichkeit kennzeichnet die gesprochene Sprache ebenso wie die geschriebene, selbst in wissenschaftlichen Texten finden sich entsprechende Indikatoren (Myers 1988). In Lehrbuchtexten für den Deutschunterricht fehlen allerdings diese Beziehungszeichen häufig; sie „erziehen die Lerner zu einer Gesprächsführung, die im alltäglich gebrauchten Deutsch als kurz angebunden, kontaktverweigernd und patzig wirkt." (Hüllen 1981, 269)

5.1 Formen des höflichen Verhaltens

Beispiel 40

Ein Freund kommt

(...)

Um vier Uhr kommt der Freund. Herr und Frau Braun begrüßen ihren Gast herzlich. Dann führt Herr Braun seinen Freund ins Zimmer. Seine Frau bietet ihrem Gast Kaffee und Kuchen an. „Möchtest du eine Zigarette, Walter?" fragt Herr Braun seinen Freund. Er aber lehnt ab: „Danke, nein! Zigaretten schaden meiner Gesundheit."

Walter erzählt seinen Gastgebern viel, und die Zeit vergeht schnell. Schließlich sagt Walter: „Leider fährt mein Zug schon um 7 Uhr. Wo finde ich hier ein Taxi?" – „Du brauchst kein Taxi", antwortet Herr Braun, „wir nehmen unser Auto. Es gehört meiner Firma. Ich fahre schnell in die Stadt, und du erreichst deinen Zug pünktlich."

Frau Braun gibt ihrem Gast die Hand und sagt: „Auf Wiedersehen, Walter! Hoffentlich kommst du bald wieder!" – „Ich hoffe es auch. Auf Wiedersehen!"

Griesbach/Schulz (1971), 25f.

Aufgabe 23

a) *Wie schätzen Sie die Äußerungen Walters ein? Erscheint Ihnen sein Gesprächsverhalten eher höflich, unhöflich oder neutral?*

_____

_____

_____

b) Wie würden Sie an seiner Stelle formulieren?

_____

_____

Problemstellung

Die Kenntnis von Höflichkeitsroutinen einschließlich ihrer pragmatisch* richtigen Verwendung gehört mit Sicherheit nicht zu den leicht zu verwirklichenden Lernzielen des Fremdsprachenunterrichts. Es ist somit auch kein Zufall, wenn Ehlich (1986, 51) den falschen oder fehlenden Gebrauch von Höflichkeitsformeln zu den typischen „Xenismen" zählt, zu den Merkmalen also, die trotz ansonsten guter Sprachbeherrschung sofort Fremdheit signalisieren. Daher ist es wichtig, Formen des höflichen Sprachverhaltens im Unterricht systematisch zu behandeln, sprachspezifische Abweichungen und daraus resultierende Fehlerquellen hervorzuheben und wenigstens ansatzweise so etwas wie eine „linguistische Nuancenkompetenz" (Weinrich 1986, 19) zu entwickeln.

Definition

Im Bereich der Höflichkeit lassen sich grundsätzlich zwei Arten sprachlichen Verhaltens unterscheiden:

1) die Bemühungen um eine zuvorkommende Behandlung des anderen, die Sympathie oder Respekt ausdrücken soll (p o s i t i v e H ö f l i c h k e i t), zum Beispiel: *„Könnte ich Sie um einen Gefallen bitten?"*, und
2) Verfahren, die den anderen schonen und beleidigende Handlungen, sog. „face threatening acts", vermeiden sollen, und die man als n e g a t i v e H ö f l i c h k e i t bezeichnen kann (Goffman 1974, 97ff. und vor allem Brown/Levinson 1978, 106ff.). Zu der zweiten Art sprachlicher Rücksichtnahmen auf den Partner gehören insbesondere „indirekt" formulierte Sprachhandlungen (zum Beispiel: *„Darf ich Sie auf das Rauchverbot aufmerksam machen?"* anstelle von *„Sie dürfen hier nicht rauchen!"*) sowie bestimmte A b s c h w ä c h u n g s t e c h n i k e n, zum Beispiel: *„Könnten Sie **bitte etwas** leiser sprechen?* anstelle von *„Reden Sie nicht so laut"*.

Inwieweit Indirektheit und Abschwächung Ausdrucksformen von Höflichkeit sein können, wird an einem einfachen Beispiel deutlich. Wenn jemand die Meinung seines Gesprächspartners für völlig unbegründet hält, könnte er sagen:
a) *„Was du da sagst, ist vollkommen falsch"*;
er könnte aber auch weniger direkt formulieren:
b) *„Meinst du wirklich, daß das stimmt?"*
oder vorsichtiger sagen:
c) *„Das kann man sicher auch anders sehen"*.

In allen drei Fällen macht der Sprecher seinen Widerspruch kenntlich. Jedoch haben die indirekte, nämlich die als Frage formulierte Äußerung b) und die unter anderem mit einem Modalverb abgeschwächte Antwort c) den Vorteil, eine Konfrontation der gegensätzlichen Positionen zu vermeiden, den Partner nicht zu beleidigen und trotz der Meinungsverschiedenheit ein angenehmes Gesprächsklima zu erhalten. Es gibt viele sprachliche Möglichkeiten, um Äußerungen in diesem Sinne abzuschwächen und damit höflicher zu gestalten.

Aufgabe 24

Zu Beginn des Unterrichts stellen Sie fest, daß ein Schüler seine Mütze aufbehalten hat. Wie formulieren Sie die Aufforderung an ihn, die Kopfbedeckung abzunehmen?

_____

Für die Formulierung der Aufforderung bieten sich nun verschiedene Muster an (Hindelang 1983, 69 ff.; Wunderlich 1976, 301 ff.).

AUFFORDERUNG

(a) Aufforderung mit Kommandoausdruck	(1) Mütze runter! (2) Kappe ab! (3) Alex! ...
(b) imperativische Aufforderung	(1) Setz die Mütze ab. (2) Setz bitte die Mütze ab. (3) Setz bitte die Mütze ab, Alex. (4) Setz doch bitte die Mütze ab, Alex. (5) Komm Alex, setz die Mütze ab. ...
(c) explizit performative Aufforderung	(1) Ich fordere dich auf, die Mütze abzusetzen. (2) Ich bitte dich, Alex, die Mütze abzusetzen. ...
(d) verdeckt performative Aufforderung	(1) Ich muß dich bitten, die Mütze abzusetzen. (2) Ich muß dich bitten, Alex, die Mütze abzusetzen. (3) Ich möchte dich bitten, die Mütze abzusetzen. (4) Ich darf dich bitten, die Mütze abzusetzen. ...
(e) Aufforderung mit deontischem Hinweis	(1) Du mußt die Mütze absetzen, Alex. (2) Im Unterricht mußt du die Mütze absetzen, Alex. ...
(f) Aufforderung mit Präferenzhinweis	(1) Ich möchte, daß du die Mütze absetzt. (2) Es wäre gut, wenn du die Mütze mal absetzt. (3) Hoffentlich setzt du die Mütze bald ab. ...
(g) Aufforderung mit Befolgungsfrage	(1) Würdest du die Mütze absetzen, Alex? (2) Würdest du die Mütze mal absetzen, Alex? (3) Würdest du vielleicht die Güte haben, die Mütze abzusetzen, Alex? ...
(h) Aufforderung mit Präferenzfrage	(1) Würde es dir was ausmachen, die Mütze abzusetzen? (2) Würde es dich stören, mal die Mütze abzusetzen? ...
(i) Aufforderung mit Frage nach möglichen Handlungsvoraussetzungen	(1) Ist dir kalt, Alex? (2) Bist du krank? (3) Hast du eine neue Mütze? (4) Hast du eine Wette verloren, Alex? (5) Hast du die Mütze selbst gestrickt? ...
(j) Aufforderung mit Ironisierung	(1) Soll ich dir noch den Mantel bringen, Alex? (2) Du hast die Handschuhe vergessen, Alex. ...

Einen sehr starken Aufforderungscharakter enthalten Kommandoausdrücke (a), imperativische Formulierungen (b) und Sätze mit explizit performativen* Verben (c); nicht ganz so hart sind Äußerungen mit verdeckten Performativen* (d) und deontischen Hinweisen* (e). Diese Realisierungsformen dürften für L in der gegebenen Situation größtenteils nicht in Frage kommen, da sie möglicherweise sein eigenes Image gefährden und S zu sehr bloßstellen. Denkbar wäre aber auch, daß Aufforderungen wie (a 1) oder (a 2) in ihrer Schärfe als stark übertrieben und nicht ganz ernstgemeint aufgefaßt werden und gerade deshalb wieder akzeptabel erscheinen. Aus einem anderen Grund könnte L auch (b 5) angemessen finden: S erhält mit einer wohlwollenden Geste die gewünschte Aufmerksamkeit und verliert vielleicht die Lust an weiteren Störaktionen. Einige der genannten Aufforderungen sind zwar durch die Höflichkeitspartikel „bitte", die Anrede mit dem Vornamen oder durch Modalverben (d) relativiert, doch entweder genügen diese Abschwächungen nicht, um das Formelle der Äußerung aufzuheben, oder sie wirken übertrieben, zum Beispiel bei (b 4) mit der zusätzlichen Modalpartikel „doch", und scheiden deshalb für L als eventuell beleidigend aus.

Auch die unter (f) – (j) zusammengestellten Äußerungen kann man als nicht direkt betrachten, da in ihnen die Aufforderung nicht wörtlich zum Ausdruck kommt: Vom Wortlaut her sind beispielsweise (f 1–3) Wunschäußerungen aus der Sicht des Sprechers, (g 1–3) Fragen bezüglich möglicher Reaktionen des Adressaten und (h 1–2) Fragen nach dessen Präferenzen. Wendungen des Typs „ich möchte, daß du x tust", „würdest du x tun?", „würde es dir etwas ausmachen, x zu tun?" werden von Muttersprachlern praktisch immer sofort als Aufforderung verstanden. Man empfindet diese Formulierungen deshalb nicht mehr als indirekt. Trotzdem bleibt natürlich ein stilistischer Unterschied; vor allem die als Frage formulierten Äußerungen (g 1–3), (h 1–2) sind im Hinblick auf den Adressaten höflichere Aufforderungsformen als die unter (f) oder (e) angeführten, sie kommen dem Wunsch nach Selbstbestimmung eher entgegen als klare Handlungsanweisungen. Zuviel Höflichkeit läßt jedoch auch hier die Wirkung ins Lächerliche umschlagen und macht gerade dadurch das besonders Dringliche der Aufforderung deutlich (so zum Beispiel in (g 3)).

Weniger konventionalisiert sind die Äußerungen unter (i) und (j). In der vorliegenden Situation wird S sie zwar ebenfalls als Aufforderungen verstehen, dies aber erst über bestimmte Interpretationsschritte (S c h l u ß p r o z e d u r e n).

wissenschaftliche Erklärung

Um solche Schlüsse nachzuvollziehen, greift man häufig auf die K o n v e r s a t i o n s m a x i m e n von Grice (1975) zurück. Als wichtigste Voraussetzung gilt dabei das K o o p e r a t i o n s p r i n z i p ; es besagt, daß sich alle Teilnehmer wechselseitig für die Durchführung der Kommunikation „kooperatives", den Anforderungen der jeweiligen Situation entsprechendes Verhalten unterstellen. Die weiteren Prinzipien lauten (1975, 45 f.):

1. Maxime der Quantität
   – Mache deinen Beitrag so informativ wie (für die jeweiligen Zwecke des Austauschs) erforderlich.
   – Mache deinen Beitrag nicht informativer als erforderlich.

2. Maxime der Qualität
   Versuche, deinen Beitrag wahrheitsgemäß zu machen.
   – Sage nichts, was du für falsch hältst.
   – Sage nichts, wofür du keinen angemessenen Nachweis hast.

3. Maxime der Relation
   Sage nur Relevantes.

4. Maxime der Modalität
   Sei eindeutig.
   – Vermeide eine unklare Ausdrucksweise.
   – Vermeide Mehrdeutigkeiten.
   – Fasse dich kurz (vermeide unnötige Weitschweifigkeit).
   – Rede wohlgeordnet.

Grice beschränkt die Gültigkeit seiner Maximen auf eine Klasse von Gesprächen, deren Zweck ein möglichst effektiver Informationsaustausch ist (1975, 47), ein Aspekt, der zu zahlreichen Korrekturen und Erweiterungsvorschlägen Anlaß gegeben hat. (Wilson/ Sperber 1979 und von Polenz 1985, 310 ff.; Weinrich 1986, 9 ff.)

Aufschlußreich sind die Konversationsmaximen gerade auch, wenn sie ganz offensichtlich nicht befolgt werden. Hieraus ergeben sich dann bestimmte Schlußfolgerungen, nach Grice sog. k o n v e r s a t i o n e l l e I m p l i k a t u r e n , die die Interpretation einer Äußerung ergänzen oder überhaupt erst sinnvoll machen. Solche Implikaturen lassen sich verstärkt auf Formen des indirekten Sprechens anwenden.

Eine Form von Indirektheit liegt zum Beispiel in (j 1–2) vor. Die Äußerung „*Soll ich dir noch den Mantel bringen, Alex?*", die in einem außerschulischen Zusammenhang wahrscheinlich als ein Angebot zu verstehen wäre, muß in dieser Situation anders interpretiert werden. L verletzt hier die Qualitätsmaxime – er meint die Frage nicht ernst, er distanziert sich von dem, was der Wortlaut eigentlich zu verstehen gibt – und meint mit seiner Äußerung, wie S leicht folgern kann (siehe oben), letztlich wiederum eine Aufforderung. Der Angesprochene muß also, da die wörtliche Bedeutung und die Situation nicht zusammenpassen, das Gemeinte erst über den Umweg von Implikaturen erschließen. (In vergleichbarer Weise kann man die Äußerung (j 2) kommentieren, die hier nicht als Feststellung gemeint ist.) Die Beispiele machen andererseits auch deutlich, daß eine indirekte Formulierung nicht in jedem Fall mehr Höflichkeit bedeutet. Gerade bei ironischen Äußerungen (vgl. (j 1) und (g 3)) kann je nach Redekonstellation und je nach nonverbalem Verhalten die Grenze zu einer verletzenden Wirkung manchmal fließend sein.

Der Begriff der Indirektheit* stammt aus der Sprechakttheorie (vgl. u.a. Searle 1975) und wurde dort sehr kontrovers diskutiert. Als ‚indirekt' bezeichnen wir hier nur solche Sprachhandlungen, deren Äußerungsform von ihrer wörtlichen Bedeutung her normalerweise für die Durchführung einer anderen Handlung verwendet wird und deren Interpretation für den Adressaten nicht schon konventionell gesichert ist (wie etwa bei den verdeckten Performativen).

Wir haben mit Hilfe unseres Beispiels einige sprachliche Realisationen von Höflichkeit kennengelernt und können nun, was die sprachlichen Verfahren betrifft, folgende Höflichkeitsindikatoren nennen:

a) indirekte Sprachhandlungen
b) Abschwächungsprozeduren
– Höflichkeitspartikel (zum Beispiel: „bitte")
– Anredeformen (zum Beispiel: Anrede mit Vornamen)
– Modaloperatoren (zum Beispiel: „ich finde, daß", „vielleicht")
– verdeckte Performative (zum Beispiel: „ich möchte dich bitten" anstatt „ich bitte dich")
– Modalpartikel (zum Beispiel: „doch", „mal").

Die Liste läßt sich fortsetzen. Zu ergänzen wären außerdem prosodische Merkmale* (zum Beispiel Betonung, Lautstärke) und nonverbales Verhalten (Mimik, Gestik). Alle Mittel können zur Abschwächung von Direktheit und damit zur Vermeidung verletzender Wirkungen eingesetzt werden. In der englischsprachigen Literatur wird diese Funktion sehr anschaulich durch Begriffe wie „softeners" oder „downgraders" (etwa „abschwächende Mittel") wiedergegeben (Crystal/Davy 1975, 92; House/Kasper 1981, 166).

In einem Experiment sind House/Kasper (1981) der Frage nachgegangen, ob es bezüglich der Direktheit auffällige Unterschiede zwischen dem Deutschen und dem Englischen gibt. Dazu verglichen sie englische und deutsche Alltagsdialoge, die Muttersprachler nach vorgegebenen Situationen simulierten. Sie achteten dabei besonders auf die Formulierung von Beschuldigungs und Aufforderungshandlungen. In der folgenden Tabelle sind die Ergebnisse zu Beschuldigungen zusammengestellt. Alle Äußerungen haben zum Inhalt, daß der Hörer H etwas getan hat (= X), was vom Sprecher S negativ beurteilt wird. Die Differenzierung der Direktheitsgrade basiert auf folgenden Kriterien: Kommt der kritisierte Sachverhalt X implizit oder explizit zur Sprache, bringt S sein negatives Urteil über X zum Ausdruck, wird die Verantwortung von H erwähnt, bringt S seine negative Meinung über H zum Ausdruck? Die Prozentzahlen hinter den Äußerungen zeigen, wie häufig die jeweilige Formulierung gewählt wurde.

Grad der Direktheit	Beschuldigungen	(%[1])	complaints	(%[1])
1	Seltsam, gestern war meine Bluse noch ganz sauber.	6,5	Odd, my blouse was perfectly clean last night.	13,7
2	Da ist ein Fleck auf meiner Bluse.	7,6	There's a stain on my blouse.	6,2
3	Schrecklich, dieser Fleck wird wohl nie wieder rausgehn.	16,8	Terrible, this stain won't ever come off.	17,5
4	Hast du etwa meine Bluse angehabt?	9,3	Did you wear my blouse by any chance?	21,3
5	Du hast den Fleck draufgemacht.	17,8	You've stained my blouse.	18,8
6	Du hättest die Bluse nicht ohne meine Erlaubnis nehmen sollen/ Du hast meine ganze Bluse ruiniert.	33,6	You shouldn't have taken my blouse without asking my permission/ You have ruined my blouse.	22,5
7	Ich finde es gemein von dir, daß du einfach meine Sachen nimmst.	7,5	I think it's mean that you just take my things.	–
8	Du bist wirklich unverschämt.	0,9	You are really mean.	–
[1]) Prozentsatz der Befragten		100		100

zusammengestellt nach: House/Kasper (1981), 160 f.

Was fällt Ihnen beim Vergleich der Tabelle auf S. 81 auf?

_____

_____

_____

_____

Kommentar

Auch wenn die Materialbasis etwas schmal ist und nur einzelne Sprachhandlungen untersucht wurden, scheint das Ergebnis also ein altes Urteil zu bestätigen: Im Deutschen ist man nicht besonders höflich, zumindest nicht im Vergleich zum Englischen. Eine solche Interpretation würde jedoch zwei grundlegende Gesichtspunkte außer acht lassen, nämlich
– daß Formulierungen, die sich vom Wortlaut her entsprechen, nicht auch in gleicher Weise verwendet werden müssen
und
– daß sich der Stellenwert eines Ausdrucksmusters erst aus seinem kulturspezifischen Zusammenhang ergibt (vergleichen Sie dazu auch Kapitel 2.2).

Man kann die in der Tabelle angeführten Direktheitsgrade also nicht ohne weiteres gleichsetzen; die Stufe 8 im Deutschen könnte zum Beispiel durchaus einer Stufe 6 im Englischen entsprechen. Wir haben es hier vielmehr mit unterschiedlichen I n t e r a k - t i o n s n o r m e n zu tun – so auch die Interpretation bei House/Kasper. Im Deutschen erwartet man vermutlich andere, manchmal vielleicht auch weniger Höflichkeitsindikatoren als im Englischen. Anders formuliert: Was in den Augen eines englischen Sprechers vielleicht als unhöflich, da zu direkt, gilt, kann aus deutscher Sicht durchaus im Bereich des Normalen und Erwartbaren liegen. Entscheidend für die angemessene Einordnung ist die Fähigkeit zur Perspektivenübernahme und zum Verstehen fremder Verhaltensformen: Es genügt nicht festzustellen, daß die Formulierung von der als Norm gesetzten Muttersprache abweicht.

Daß man in Deutschland mit unvermittelter Direktheit sagt, was man denkt, fällt nicht nur Engländern auf. Auch Angehörige anderer Kulturen beklagen die geradlinige Art der Deutschen. Die sprach- und kulturhistorischen Gründe für die unterschiedlich ausgeprägten Tendenzen zu Indirektheit und Abschwächung lassen sich nicht exakt angeben. Wenn man aber einen größeren Zusammenhang berücksichtigt (also nicht nur einzelne, isolierte Höflichkeitsphänomene), dann zeigt sich mit Sicherheit, daß Klischeevorstellungen wie oben („die Deutschen sind unhöflicher") nicht zutreffen: Jede Sprache erlaubt, insgesamt betrachtet, ein etwa gleichwertiges Höflichkeitsverhalten (vgl. Weinrich 1986, 23).

5.2 Konsequenzen für den Unterricht

Konventionen der Höflichkeit muß man praktisch in allen Rede- und Schreibsituationen beachten; je nach Vertrautheitsgrad, Kommunikationsthema und Übermittlungsmedium wird ein anderes Sprachverhalten erwartet (Piepho 1974, 122 ff.). Natürlich hat man es längst nicht immer mit völlig anderen Verhaltensregeln zu tun, aber gerade die besprochenen Unterschiede zwischen dem Deutschen und dem Englischen zeigen, wie wichtig es ist, sich die jeweiligen Interaktionsnormen bewußt zu machen. Anhand einfacher Alltagssituationen sollte man im Unterricht deshalb immer wieder darauf hinweisen, daß Verhaltenserwartungen in hohem Maße kulturabhängig sind, und die Lernenden für unhöflich wirkende Ausdrucksweisen sensibilisieren.

Unterrichtsvorschlag

o Eine Möglichkeit für dieses Vorgehen zeigt das Lehrbuch-Beispiel (40); ähnliche Beispiele finden Sie auch bei Hog u.a. (1984 a, 115 ff., 1984b, 59 ff.). Man kann ebenfalls mit Texten arbeiten, die typische Höflichkeitsfehler enthalten; die Lernenden haben dann die Aufgabe, diese Fehler zu korrigieren (ähnlich wie in Aufgabe 21). Bei diesem Thema ist es sinnvoll, kontrastiv vorzugehen und die Beispiele teilweise auch in der Muttersprache zu besprechen.

Hinweis

Bei Übersetzungsaufgaben muß man darauf achten, daß eine wörtliche Übersetzung oft nicht denselben Höflichkeitsgrad hat wie die Formulierung der Ausgangssprache. Das im Deutschen höfliche *„Kann ich (bitte) das Fenster öffnen"* klingt zum Beispiel – wörtlich ins Englische übersetzt – unhöflich (*„may I open the window"*). Die pragmatisch richtige Wiedergabe (= funktional äquivalente Übersetzung) macht hier eine erhebliche Überformulierung im Vergleich zum deutschen Ausgangstext erforderlich (House 1979, 89): *„Do you mind if I open the window?"*

Beispiel 41

Höflich oder unhöflich? A 3

Hören und lesen Sie bitte!

Frau Lenzi spricht mit dem deutschen Kollegen über die Video-Bänder.
1. Welche Aussage klingt höflich (+), welche unhöflich (−)?

Achten Sie bitte auf:

- Entschuldigungen
- die Modalverben:
  ich möchte/will
- lange/kurze Sätze
- Satzeinleitungen/
  Satzanfänge (z.B.
  „Ich glaube …"/
  „Wissen Sie …")
- direkte Aussagen/
  Fragen
- indirekte Umschreibungen
- die Intonation

a) Warum haben Sie die Bänder einfach mitgenommen? Bei uns ist es üblich, in solchen Situationen nachzufragen, ob man etwas behalten kann oder zurückgeben muß.

b) Entschuldigen Sie bitte! Ich glaube, wir haben uns neulich mißverstanden. Verstehen Sie, ich habe Ihnen meine eigenen Bänder nur geliehen, und ich möchte sie gern zurückhaben, weil es spezielle Bänder aus dem Ausland sind. Es ist mir ja peinlich, aber …

c) Ich will meine Bänder zurückhaben. Ich erwarte von Ihnen, daß Sie sie mir sofort zurückgeben. Sie können doch nicht einfach mit meinen Bändern abreisen. Ich finde das unmöglich!

d) Es ist mir unangenehm, darüber zu sprechen. Sie haben mich doch neulich gebeten, Ihnen Video-Bänder zu besorgen. Entschuldigen Sie bitte vielmals, aber ich habe Ihnen nicht gesagt, daß ich Ihnen meine eigenen Bänder gegeben habe. Sie verstehen sicher, daß ich sie gern zurückhaben möchte. Wissen Sie, mein Vater hat sie mir aus dem Ausland mitgebracht.

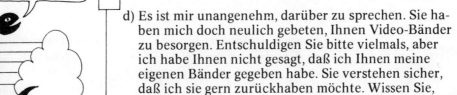

Der Ton macht die Musik!

2. Wann klingt bei Ihnen etwas höflich, wann unhöflich?
3. Sie haben einer/einem Deutschen ein Buch geliehen. Sie möchten es gern zurückhaben. Was sagen Sie zu ihr/ihm?

Mebus u.a. (1987), 191

○ Die Übungen können – so wie im folgenden Beispiel (42) – spielerisch gestaltet sein und brauchen sich nicht nur an üblichen Handlungsabläufen zu orientieren; man kann im Unterricht zunächst den ersten Teil (a) des Rollenspiels präsentieren und die Schüler dann weitere Aufforderungen anschließen lassen.

Beispiel 42

(a)

Übungen zum Gebrauch des Imperativs

Der Chef, der erste, der zweite, der dritte, der vierte

Der Chef zum ersten:	Darf ich Sie bitten, mir einen Stuhl zu bringen.
Der erste zum zweiten:	Bringen Sie dem Chef bitte einen Stuhl!
Der zweite zum dritten:	Bitte einen Stuhl für den Chef!
Der dritte zum vierten:	Bring dem Chef einen Stuhl, los!
Der vierte:	Sofort!
	Der vierte tut jeweils, was ihm befohlen wird.

(b)

Der Chef zum ersten:	Vielen Dank, mein Lieber! Wären Sie jetzt so freundlich, mir Feuer zu geben.
Der erste zum zweiten:	Geben Sie dem Chef bitte Feuer!
Der zweite zum dritten:	Bitte Feuer für den Chef!
Der dritte zum vierten:	Gib dem Chef Feuer! Na wird's bald!
Der vierte:	Nein!
Der dritte:	Wieso nein?
Der vierte:	Ich mag nicht!
Der dritte zum zweiten:	Er mag nicht. Und ich mag auch nicht.
Der zweite zum ersten:	Er mag nicht. Und ich habe auch keine Lust.
Der erste zum Chef:	Er hat keine Lust. Und ich verspüre auch keine Neigung.
Der Chef:	Das ist ärgerlich... Was schlagen Sie vor?
Der erste:	Ich schlage vor, die Übungen zum Imperativ an dieser Stelle abzubrechen.
Der Chef zum ersten:	Darf ich Sie dann freundlichst bitten, die Übungen abzubrechen.
Der erste zum zweiten:	Brechen Sie die Übung bitte ab!
Der zweite zum dritten:	Bitte abbrechen die Übung!
Der dritte zum vierten:	Brich die Übung ab, du Idiot!
Der vierte:	Bitte sehr!

Müller (1980), 28f.

○ Bestimmte Lektionstexte bieten sich für gezielte Umarbeitungen an; in Beispiel 42 könnte der Schalterbeamte etwas freundlicher zu seinem Kunden sein, oder M könnte eventuell versuchen, sein Gegenüber in ein persönliches Gespräch zu verwickeln. (Eine parallele Textvariation haben Sie teilweise ja auch schon für Beispiel 39 entwickelt.) Ähnlich ließen sich Brieftexte nach vorgegebenen Adressaten und Höflichkeitsgraden abwandeln.

Auf dem Postamt

Herr Moll (M), *der Beamte* (B)

M: Kann ich hier ein Telegramm aufgeben?

B: Ja. Haben Sie das Formular schon ausgefüllt?

M: Ja, hoffentlich habe ich es richtig gemacht.

B: Sie haben aber sehr undeutlich geschrieben, und die Unterschrift kann ich nicht lesen. Die Adresse müssen Sie besonders deutlich schreiben.

M: Entschuldigen Sie bitte, ich mache es nochmal. – Ist es nun gut so?

B: Ja. Das Telegramm hat 10 Wörter. Es kostet 5,– DM.

M: Wann kommt das Telegramm an?

B: Ein Telegramm von hier nach Hamburg braucht etwa zwei Stunden.

M: Danke! Kann ich bei Ihnen auch Geld einzahlen?

B: Nein, am Schalter vier bitte!

Griesbach/Schulz (1971), 76

o Die Anwendung von Abschwächungsformeln kann man ebenfalls an ausgewählten Problemsituationen üben: A muß B etwas Peinliches sagen, eine unangenehme Kritik äußern, eine im Grunde unzumutbare Bitte vortragen, einen Ratschlag erteilen usw. (Hier bietet es sich auch an, einleitende Entschuldigungsformeln wie *„es tut mir leid"*, *„entschuldige/entschuldigen Sie, aber..."* einzuüben.).

o Eine interessante Aufgabe für fortgeschrittene Deutschlerner besteht darin, mit Videoaufzeichnungen von Gesprächen einmal zu verfolgen, <u>wie männliche und wie weibliche Teilnehmer Abschwächungsformeln gebrauchen.</u>

Zitat

Die Linguistin Trömel-Plötz hat sich intensiv mit männlichem und weiblichem Sprachverhalten beschäftigt. Sie interpretiert Signale der Höflichkeit und Abschwächung in Gesprächen zwischen Männern und Frauen wie folgt:
„Jedenfalls steht fest, daß Höflichkeit und Abschwächung der Äußerung die kommunikative Wirkung haben, daß die Sprecherin dem Gesprächspartner Raum gibt (auch mehr Raum, sie zu unterbrechen), daß sie ihre Meinung nicht aufzwingen will, sondern Widerspruch akzeptiert, daß sie bereit ist zur Kooperation, wenn nicht zum Rückzug. Die Folge solchen Redens ist, daß die Äußerungen weniger Gewicht haben und der Sprecherin weniger Autorität zukommt – sie kann sich nicht behaupten."

Trömel-Plötz (1978), 59

Aufgabe 26

Diskutieren Sie im Unterricht (oder in Ihrer Fortbildungsgruppe):

– Verwenden Frauen häufiger abschwächende Ausdrücke als Männer?
– Kann man sagen, mit Höflichkeit und Abschwächung würde eine Sprecherin im allgemeinen einen konversationellen Rückzug antreten?

6 Idiomatische Wendungen, Sprichwörter, Redensarten

Überblick

In diesem Kapitel möchte ich Sie auf Ausdrucksroutinen aufmerksam machen, denen man beim Erlernen einer fremden Sprache immer wieder begegnet und die gerade im Vergleich mit den Entsprechungen in der eigenen Sprache sehr interessant sein können: idiomatische Wendungen, Sprichwörter und Redensarten. In der wissenschaftlichen Literatur bezeichnet man diese Wendungen und Satzmuster als sprachliche Schematismen (Daniels 1976), verbale Stereotype (Coulmas 1981) oder als Phraseologismen (Burger u.a. 1982). Die Terminologie ist nicht einheitlich, und die angegebenen Begriffe sind zum Teil unterschiedlich weit gefaßt. Es geht in erster Linie um vorgeprägte Ausdrücke, deren Gebrauch nicht an eine bestimmte Situation gebunden ist. Die Routineformeln, die ich im dritten Kapitel behandelt habe, waren im Gegensatz dazu zum größten Teil auf wenige Situationen beschränkt, zum Beispiel auf die Eröffnung oder Beendigung eines Gesprächs.

Erklärung

Die folgende Zusammenstellung macht deutlich, welche Formeln in diesem Kapitel gemeint sind:

– Idiomatische Wendungen/Redensarten (*„jemanden an den Pranger stellen", „die Hosen anhaben"*),
– Sprichwörter, Gemeinplätze, Maximen (*„Einem geschenkten Gaul schaut man nicht ins Maul", „Gut Ding will Weile haben", „Zeit ist Geld", „Bleibe im Lande und nähre dich redlich"*),
– geflügelte Worte (*„Im Deutschen lügt man, wenn man höflich ist"*),
– Slogans, Sprüche (*„Leistung muß sich wieder lohnen", „Wer sich nicht wehrt, lebt verkehrt"*),
– ethnische oder gruppenspezifische Typisierungen (*„Leben wie Gott in Frankreich", „Trau keinem über dreißig"*).

Hinzu könnte man noch die Verwendung von Formulierungen eines anderen Code* rechnen, mit denen Sprecher zum Beispiel ein Thema aufwerten oder zeigen wollen, daß sie zu einer bestimmten Gruppe gehören (vergleichen Sie dazu den Ausdruck *„speisen wollen"* in Beispiel 44).

Beispiel 44

In einem vornehmen Hotel

Zwei junge Leute in Alltagskleidung kommen herein, werden vom Kellner mißtrauisch gemustert.

Kellner:	Wieviel Plätze?
Junger Mann:	Zwei reichen uns.
Kellner:	Wir haben überall gedeckt.
Junge Frau:	Und?
Kellner:	Falls Sie nicht speisen wollen...
Junger Mann	*(zu seiner Begleiterin):* Wollen wir speisen?
Kellner:	Sie müssen verstehen –
Junger Mann:	Speisen wollen wir eigentlich nicht, aber essen.

Kellner weist irritiert zwei Plätze an.

Bausinger (1981), 19

6.1 Landeskundlicher Bezug

‚An den Pranger stellen‘, ‚anprangern‘

Röhrich (1973), 743

Solche Ausdrucksmuster sind fast immer mit bestimmten gesellschaftlichen Erfahrungen, Werthaltungen und Interpretationen verbunden, man kann sie daher in einem weiteren Sinne als „Kultur-Zeichen" (Hess-Lüttich 1984) interpretieren. Die Wendung „*jemanden an den Pranger stellen*" geht zum Beispiel zurück auf den mittelalterlichen Pranger, eine Art Pfahl, an den Verbrecher nach ihrer Verurteilung mit einem Halseisen angekettet und dann öffentlich beschimpft wurden.

Bei „*die Hosen anhaben*" wird man leicht den Bezug zu einer älteren Kleidungssitte herstellen können, als nur Männer Hosen trugen und nur sie die Macht hatten. In ähnlicher Weise lassen sich auch die übrigen Beispiele mit mehr oder weniger spezifischen landeskundlichen Vorstellungen in Verbindung bringen. Sie verweisen zum Beispiel auf zeittypische Einstellungen („*Zeit ist Geld*"), auf bestimmte Urteilsmaßstäbe („*Gut Ding will Weile haben*"), Vorurteile („*Trau keinem über dreißig*", „*In Deutschland lügt man, wenn man höflich ist*"), politische Forderungen („*Leistung muß sich wieder lohnen*") usw. Darüber hinaus belegen sie, woher die verfestigten Ausdrücke vornehmlich kommen: aus der Bibel („*Bleibe im Lande und nähre dich redlich*"), aus der bäuerlichen Lebenswelt („*Einem geschenkten Gaul* [= Pferd] *schaut man nicht ins Maul*"), der klassischen Literatur (zum Beispiel das Faust-Zitat „*Im Deutschen lügt man ...*").

Die kommunikative Funktion idiomatischer Ausdrücke liegt vor allem in der Signalisierung einer zusätzlichen Sprechereinstellung. Konkret: Mit „*an den Pranger stellen*" gestaltet ein Sprecher seine Aussage kräftiger und intensiver als mit der einfachen Formulierung „*öffentlich kritisieren*". „*Die Hosen anhaben*" bringt im Unterschied etwa zu „*bestimmen*" gleichzeitig eine negative Einstellung zum Ausdruck; unter Umständen kann diese Redensart allerdings auch positiv verwendet werden:

> *die Hosen anhaben:* phraseologische Einheit, mit der ein Sprecher/Schreiber ausdrückt, daß die Frau statt des Mannes zu Hause bestimmend ist und die Herrschaft ausübt, wobei Sprecher/Schreiber gleichzeitig ihre Einstellung dazu ausdrücken, ob in der Ehe die Frau und nicht der Mann die Anordnungen trifft: (1) Lehnt man eine Vormachtstellung der Frau in der Ehe ab, so kann man – je nach Situation – ausdrücken: eine solche Frau ist in meinen Augen herrschsüchtig, autoritär, anmaßend, raffiniert, über alle Maßen ehrgeizig, nicht fraulich usw. und damit z.B. versuchen, die Frau bloßzustellen oder zu diskriminieren. Gleichzeitig bemitleidet, bedauert, verspottet, verachtet usw. man – je nach Situation – den Mann, der sich der Vormachtstellung seiner Frau hat beugen müssen und kann ihn damit beispielsweise bloßstellen, beschämen oder entschuldigen. (2) Akzeptiert man, daß in der Ehe die Frau auch einmal bestimmend sein sollte, so kann man – je nach Situation – ausdrücken: Eine solche Frau ist in meinen Augen zielstrebig, couragiert, geschickt, tüchtig, gewitzt usw. und damit versuchen, sie z.B. positiv herauszustellen, zu loben usw.

Kühn (1984), 209

6.2 Konsequenzen für den landeskundlich orientierten Deutschunterricht

Problemstellung

Es gibt also auch für phraseologische Ausdrucksroutinen – wie wir gesehen haben – auf mehreren Ebenen landeskundliche Bezüge. Eignen sie sich aber auch für den landeskundlich orientierten Deutschunterricht? Diese Frage stellt sich besonders deshalb, weil die genannten Routinen oft nicht leicht zu verstehen und anzuwenden sind, den Lernenden also Schwierigkeiten bereiten können. Die Beantwortung fällt unterschiedlich aus:

Position 1

Daniels und Pommerin (1979) sind der Meinung, daß die genannten Phraseologismen dazu beitragen können, eine andere Kultur besser zu verstehen, weil in diesen sprachlichen Ausdrucksformen „kultur- und gesellschaftsspezifische Vorstellungen und Betrachtungsweisen zum Ausdruck kommen." (Daniels/Pommerin 1979, 583). Aus der „Verschränkung von Sprache, Sozialstruktur und Kultur" können nach Meinung dieser Autoren bei interkulturellen Kontakten leicht Probleme entstehen aufgrund der unterschiedlichen Sichtweisen und Interpretationen. Den Mißverständnissen, die sich daraus ergeben, müsse der Fremdsprachenunterricht durch eine entsprechende Unterweisung vorbeugen.

Noch einen Schritt weiter geht in dieser Hinsicht Hess-Lüttich: Redensarten, Sprichwörter, Maximen usw. geben seiner Meinung nach soziale Erfahrungen wieder und eignen sich deshalb zur integrierten Vermittlung sprachlicher Kompetenz und kulturellen Wissens (1983, 26f.); ein Vergleich der sprachlichen Typisierung liefere Auskünfte über den historischen Wandel und die Distanz zwischen Ausgangs- und Zielkultur.

Konsequenz

Was bedeutet das für den Unterricht? Man könnte zum Beispiel ausgehend von dem geflügelten Wort *„Im Deutschen lügt man, wenn man höflich ist"* Fragen der Höflichkeit sowie das Selbst- und Fremdbild der Deutschen zum Thema machen. (Zusätzliches Material zu diesem Thema finden Sie in Kapitel 4). In gleicher Weise lassen sich Satzmuster wie *„Zeit ist Geld"*, *„Leistung muß sich wieder lohnen"* als Kurztexte verwenden, um kulturspezifische Einstellungen deutlich zu machen. Mit ausgewählten Graffiti (*„Nonsens statt Konsens"*, *„Wahlen sind Wahlium fürs Volk"* [Wahlium spielt hier auf ein bekanntes Beruhigungsmittel an]...) kann man Unterrichtsthemen zur politischen Kultur oder zu Szene-Sprachen einleiten. Im Unterricht sind diese Stereotype also besonders als E i n s t i e g geeignet, das betreffende Thema müßte jeweils noch durch weitere Materialien konkretisiert werden.

Einschränkung

Für die reine Sprach- oder Wortschatzarbeit sind solche vorgeprägten Satzmuster allerdings weniger geeignet: Sie werden in der Alltagskommunikation nur relativ selten verwendet und dann meist in abgewandelter Form. Wer im Ausland Deutsch lernt, wird deshalb selten ein Sprichwort oder einen Gemeinplatz selbst benutzen müssen. Es ist deshalb nicht nötig, den aktiven Gebrauch von *„Eile mit Weile"*, *„Der kluge Mann baut vor"* usw. einzuüben (Frey u.a. 1988). Wichtiger erscheint dagegen die Ausbildung r e z e p t i v e r F e r t i g k e i t e n : Gibt es typische sprachliche Erkennungsmerkmale? Wie werden solche Satzmuster häufig eingeleitet? Nach welchen syntaktisch-rhetorischen Prinzipien sind sie konstruiert? Welche kommunikativen Funktionen können sie erfüllen?

Position 2

Sicherlich enthalten solche Wendungen, wie ich am Beispiel von *„jemanden an den Pranger stellen"* und *„die Hosen anhaben"* gezeigt habe, auch landeskundliche Informationen, doch sind gerade für den Gebrauch in der normalen Kommunikation derartige Kenntnisse nicht wichtig. In vielen Fällen dürfte die wörtliche oder ursprüngliche Bedeutung nicht einmal dem Muttersprachler bekannt sein. Im Fremdsprachenunterricht sollte der Lehrer daher auch, wie Weller (1979, 550) meint, „der philologischen Versuchung widerstehen, mit sprach- und kulturgeschichtlichen Erklärungen (die ohnehin oft kontrovers sind) die Schüler ‚idiomatisch' auf den Geschmack zu bringen". Denn selbst wer die Bedeutung der Bestandteile von idiomatischen Ausdrücken oder ihre Herkunft erklären kann, ist deshalb nicht unbedingt in der Lage, diese Ausdrücke richtig zu verwenden.

Zusammenfassung

Es zeigt sich, daß idiomatische Ausdrücke zumindest nicht generell für die Vermittlung kultureller Informationen geeignet sind. Das, was sie an Resten älterer Normen, Bräuche und sozialer Zustände enthalten, kann man in Einzelfällen für die thematische Arbeit heranziehen. Eine wechselseitige Unterstützung sprachlicher und landeskundlicher Lernziele ist jedenfalls nicht die Regel.

Erweiterung

Anders verhält es sich jedoch bei Texten, in denen idiomatische Wendungen gehäuft vorkommen und damit selbst zum Thema werden. Dies ist zum Beispiel gelegentlich der Fall in der Warenwerbung, in politischen Reden oder in Presseartikeln, speziell in Glossen und Kommentaren. Gerade die im aktuellen Sprachgebrauch häufigen Variationen und Abwandlungen vorgeprägter Ausdrücke setzen beim Rezipienten die Fähigkeit voraus, die im normalen Gebrauch verblaßten wörtlichen Bedeutungen wiederherzustellen. Hier könnten sich in der Tat landeskundliche, sprachliche und literarische Aspekte ergänzen.

Aufgabe 27

Die folgenden drei Beispiele (46 a, b und c) auf S. 90 enthalten jeweils zwei idiomatische Wendungen. Wie heißen diese Wendungen, und was bedeuten sie? Erklären Sie auch die landeskundliche Bedeutung.

Beispiel 46 a:

1. _____

_____

_____

2. _____

_____

_____

Beispiel 46 b:

1. _____

_____

_____

2. _____

_____

_____

Beispiel 46 c:

1. _____

_____

_____

2. _____

_____

_____

Beispiel 46

a)

> **Wenn ihn
> der Hafer sticht,
> ist Hopfen
> und Malz verloren.**

b)

> **Du siehst ja doch nicht weiter
> als bis zur nächsten Kirchturmspitze.
> Also laß mal
> die Kirche im Dorf.**

c)

> **Steh nicht da
> wie ein
> begossener Pudel.
> Eigentlich könntest
> Du Dich doch
> pudelwohl fühlen.**

Hunfeld (1989), 87, 86, 71

Literaturhinweis

Weitere Beispiele und Vorschläge für den Unterricht finden Sie bei Mieder 1979; Seidel 1980; Burger u.a. 1982.

7 Glossar

Befindlichkeitsaustausch: Die Frage nach dem Befinden (*„Wie geht's?"*) sowie die Beantwortung und die Gegenfrage (*„und dir?"*) gehören zu den Ritualen im Bereich der Eröffnung von Gesprächen.

Code: Sprachliche Zeichen und ihre Verknüpfungsregeln als Grundlage für Kommunikation bezeichnet man in der Sprachwissenschaft als C. Der Begriff bezeichnet darüber hinaus in der Soziolinguistik die Sprache bestimmter Gruppen („Jugendsprache") oder sozialer Schichten.

deontische Hinweise: Sprachliche Ausdrücke, die normative Aspekte in der Kommunikation wie „Verpflichtung", „Erlaubnis" und „Verbot" hervorheben: *„Du darfst nicht stehlen"*.

Deutungsmuster: Unter Deutungsmustern versteht man die mehr oder weniger stereotypen Interpretationen und Orientierungshilfen, die Menschen im Verlauf ihres Lebens entwickelt haben, um Bekanntes und Fremdes zu verstehen. Deutungsmuster sind stark von der Kultur und Gesellschaft einer Gruppe oder eines Landes abhängig.

indirekte Sprechakte: Sprechakte sind sprachliche Handlungen wie „Versprechen", „Befehlen", „Bitten" usw. Sprechakte, bei denen der Sprecher etwas anderes meint, als die wörtliche Bedeutung der Äußerung nahelegt, heißen auch „indirekte Sprechakte". Der Ausdruck *„dort ist die Tür"* ist seiner wörtlichen Bedeutung nach eine Feststellung, es gibt jedoch Kommunikationssituationen, in denen man damit seinen Gesprächspartner zum Verlassen des Raumes auffordert. Der Ausdruck wird dann eindeutig als sehr harte Aufforderung verstanden.

Inkongruenz der Handlungsinterpretation liegt dann vor, wenn Kommunikationspartner ihre Äußerungen unterschiedlich verstehen. In unserem Beispiel (Kapitel 2) wollte der deutsche Sprecher mit seiner Äußerung *„komm doch mal vorbei"* zunächst nur allgemein signalisieren, daß er an einer Fortführung der Beziehung interessiert sei, während der arabische Sprecher die Äußerung als eine konkrete Einladung verstand.

Interaktionsnormen: Die Regeln, an die sich die Mitglieder einer Gesellschaft mehr oder weniger bewußt halten. Zum Beispiel: die Art und Weise einer Gesprächseröffnung oder der Gebrauch der Anredeformen im Deutschen (*„Sie" – „du"*). Ohne die Orientierung an Interaktionsnormen wäre Kommunikation praktisch unmöglich.

intrakulturelle Kommunikation: Im Gegensatz zur interkulturellen Kommunikation bezeichnet intrakulturelle Kommunikation die Kommunikation zwischen Angehörigen einer Kultur.

Krisenexperimente Garfinkels: Vergleichen Sie die Ausführungen auf Seite 17. Der Ethnologe Garfinkel untersuchte die Reaktionen von mehreren Personen auf wörtlich genommene Sprachrituale; zum Beispiel ließ er auf die Befindlichkeitsfrage* (s.o.) *„Wie geht's?"* mit langen Ausführungen antworten und stellte dabei fest, daß die Kommunikation mißlingt, wenn man die normal erwartete Reaktion (= Normalitätserwartung) nicht beachtet.

Metakommunikation nennt man das Gespräch über Kommunikation. Metakommunikation wird dann erforderlich, wenn man versucht, Mißverständnisse in der Kommunikation aufzudecken, indem die Sprecher erklären, was sie mit ihren Äußerungen jeweils gemeint haben, zum Beispiel: *„Mit meiner Bemerkung, ,du fängst heute aber früh an' wollte ich nicht sagen, daß du normalerweise zu spät mit der Arbeit anfängst. Ich wollte nur meine Überraschung ausdrücken."*

nonverbales Verhalten: Dieser Ausdruck bezieht sich auf nichtsprachliche Phänomene, die jedoch für das Verständnis gesprochener Sprache sehr wichtig sind; dazu gehören zum Beispiel Gestik, Mimik, Körperhaltung und Blickkontakt. Vergleichen Sie dazu auch das Stichwort „parasprachlich".

parasprachlich: Damit sind bestimmte Aspekte einer Äußerung wie Lautstärke, Betonung, individuelle Stimmlage oder Artikulation gemeint. Der parasprachliche Bereich betrifft also nicht die Inhalte einer Äußerung, sondern die Art und Weise, wie sie gemacht wird.

performative Verben: Klasse von Verben (zum Beispiel *„bitten"*, *„versprechen"*, *„befehlen"*, *„taufen"*), durch deren Verwendung in sogenannten **explizit performativen Äußerungen** genau die Handlung vollzogen wird, die sie beschreiben. Deutlich wird dies durch die Verwendung von *„hiermit"*: *„Hiermit taufe ich dich"* – mit diesem explizit performativen Ausdruck wird die Taufe vollzogen; entsprechend *„hiermit verspreche ich dir, nie wieder zu lügen"*.
Verdeckte Performative sind performative Verben, die zum Beispiel durch die Verwendung von Modalverben in ihrem Charakter verändert werden: *„Ich muß dich bitten"* ist mehr ein Befehl als eine Bitte.

Perspektiven(übernahme): Die Bereitschaft und Fähigkeit, den Standpunkt des Partners, seine Handlungsinterpretation und seine Deutungsmuster (versuchsweise) einzunehmen und so seine Handlungen besser zu verstehen. Das kann, zumal wenn die Partner aus unterschiedlichen Kulturen kommen, immer nur annäherungsweise gelingen. Die Fähigkeit zur Perspektivenübernahme ist ein sehr wichtiges Lernziel des interkulturellen Fremdsprachenunterrichts.

phatische Äußerung: Darunter versteht man die Produktion von Wörtern und Wortketten, die in erster Linie der Beziehungspflege dienen.

Pragmatik, pragmatisch: Der Begriff Pragmatik bezieht sich auf einen sprachwissenschaftlichen Ansatz, der Sprache als absichtsvolles H a n d e l n interpretiert: Man droht, verspricht, bittet usw. mit sprachlichen Äußerungen. Regeln grammatischer oder lexikalischer Art stehen bei dieser Sprachbetrachtung nicht im Zentrum. (Vergleichen Sie auch „indirekte Sprechakte".)

prosodisch: Sprachliche Eigenschaften wie Akzent, Intonation, Sprechpausen und ähnliches.

Renormalisierung: Der Begriff Renormalisierung bezieht sich auf die Wiederherstellung der Kommunikation durch die Beseitigung von Mißverständnissen oder Konflikten, die durch unterschiedliche Interpretationen der Äußerungen oder durch unterschiedliche Erwartungen verursacht wurden. (Vergleichen Sie dazu auch „Inkongruenz der Handlungsinterpretation".)

Selbstidentifikation: Eröffnungsteil im Bereich der Telefonkommunikation, in dem die Gesprächspartner – zunächst der Angerufene, dann der Anrufer – ihre Namen nennen.

Sequenz: Die Abfolge von aufeinander bezogenen Äußerungen im Prozeß der Kommunikation, zum Beispiel: Frage – Antwort oder Gruß – Erwiderung des Grußes usw. Viele solcher Sequenzen eines Gesprächs sind weitgehend festgelegt, man spricht deshalb auch von einem **Sequenzmuster.** Man kann den erwartbaren, normalen Verlauf auch in einem **Sequenzschema** (zum Beispiel Schema 1, S. 13) beschreiben.

Steuerung der Beziehungsebene: Wenn zwei Personen miteinander reden, tauschen sie nicht nur Informationen über Sachverhalte aus. Sie bringen auch zum Ausdruck, in welchem Verhältnis sie zueinander stehen und wie sie ihren Kontakt gestalten wollen, das heißt, sie steuern die Art ihrer Beziehung. Sie drücken das zum Beispiel mit der gewählten Anredeform (*„Sie"* oder *„du"*, Erwähnung eines Titels) aus, mit dem Grad der Höflichkeit oder mit der gewählten Grußformel.

Suffix: Teil eines Wortes, meist Endung, die an einen Wortstamm angehängt ist: *Klug**heit**, Büch**lein**, Ärzt**in**.*

8 Lösungsschlüssel und Erläuterungen

A. Lösungen zu den Aufgaben

Aufgabe 1

a) *Merkmale*   *Ursachen*

Merkmale	*Ursachen*
Unvollständige Sätze, fehlende Wörter (Zeile 1, 6, 7, 10, 11)	Der knappe nüchterne Stil ist typisch für solche Informationsgespräche. Die verkürzte Sprache ist auf die wesentlichen Aussagen beschränkt: die Informationen zur Fahrzeit und zu den Einzelheiten des Umsteigens. Dem entspricht auch, daß der Text bis auf die Zeilen 12 und 13 keine sprachlichen Höflichkeitssignale enthält.
Satzabbruch (Zeile 3–4)	Typisches Merkmal von gesprochener Sprache. Möglicherweise ist K aufgeregt, so daß ihm erst beim zweiten Versuch die einfachere, auf das Wesentliche beschränkte Formulierung einfällt.
Verschleifungen, Dialektformen (Zeile 9; 10, 11, 12)	Verschleifungen, also Auslassungen von Buchstaben in Wörtern: „un(d)", „geht (e)s", „zwa(r)", „mit (de)m" sind typisch für die gesprochene Sprache. Sie sind ein weiteres Mittel der Verkürzung. Die Verschleifungen in Text 1 könnten aber auch dialektbedingt sein: Der Sprecher kommt aus Süddeutschland; das kann man an der Form „isch" (statt: ist) erkennen.

b) Die Abfahrtszeiten der Züge und Autobusse der staatlichen „Deutschen Bundesbahn" kann man in größeren Orten normalerweise telefonisch erfahren. In der Bundesrepublik werden nur 10% des Personenverkehrs mit öffentlichen Verkehrsmitteln durchgeführt; entsprechend ungünstig sind – wie in unserem Beispiel – die Möglichkeiten, am späteren Abend (nach der Berufsverkehrszeit) einen kleineren, abgelegenen Ort zu erreichen, der nicht direkt an der Zugstrecke liegt. Die Bundesbahn hat in den letzten Jahren zahlreiche kleinere Verbindungen von der Schiene auf die Straße (Bus) verlegt. Inzwischen gibt es zahlreiche Bürgerinitiativen, die sich für den Erhalt und die Wiedereröffnung kleinerer Streckenabschnitte einsetzen.

c) Diese Frage können Sie auch in einem Unterrichtsgespräch beantworten.

Aufgabe 2

a) Die Ausgangssituation ist ähnlich, nur daß Handkes Auskunftsgespräch direkt und nicht am Telefon verläuft. Genau wie in Beispiel 1 beziehen sich auch hier die wesentlichen Informationen auf die Abfahrtszeiten und Umsteigebahnhöfe. Die sprachliche Realisierung dieser Informationsvermittlung verläuft jedoch sehr unterschiedlich. In der gesprochenen Sprache überwiegen unvollständige Sätze, Auslassungen und Verschleifungen (vergleichen Sie dazu Aufgabe 1a), und die Sprecher nehmen in ihren Äußerungen aufeinander Bezug (Beispiel 1, Zeile 7–8). Handke läßt im Gegensatz dazu seine Personen in vollständigen, korrekten Sätzen sprechen. Sie unterbrechen sich nicht. Dadurch wirken die Informationen sehr künstlich und ohne Bezug zur angesprochenen Person.

b) Niemand würde in einer vergleichbaren Situation so sprechen wie Handkes Personen. Der Text karikiert eine Zugauskunft, eine Gesprächssituation also, in der die

Kommunikation normalerweise sehr routiniert abläuft. Handke zeigt die negative Seite von routiniertem Sprechen: Der Sprecher gibt wie ein Automat zahlreiche Auskünftssätze von sich, ohne sich auf den Adressaten einzustellen; er berücksichtigt nicht, ob die Informationen im einzelnen tatsächlich benötigt werden, ob der Hörer sie verstehen oder verarbeiten kann. Es gibt auch keine richtige Möglichkeit für Rückfragen.

Aufgabe 3

a) *Sprecher 1 (Anrufer)*   *Sprecher 2*

(Telefonklingeln)   nennt den Namen der Institution und/ oder Nachnamen oder „Ja" (+ Gruß)

Grüßt und nennt Namen; Gesprächsthema

b) *Sprachliche Indikatoren*   *Gesprächsklima*

Beispiel 1:

Sprecher 2 grüßt nicht,   sehr sachlich, neutral
gibt nur kurze Informationen

Beispiel 4:

A grüßt, verwendet Höflichkeits-   sachlich, aber freundlich
partikel („bitte")

Beispiel 5:

A grüßt mit „Tag",   informell, sehr freundlich
B erkundigt sich nach A's Zustand

Aufgabe 4

Es gibt keine objektiven Werte für die einzelnen Grußformeln. Es kommt natürlich auch auf Faktoren wie Intonation, Gestik, Mimik und die Vorgeschichte der jeweiligen Beziehung an. Die folgenden Bewertungen sind daher relativ offen und dürfen nicht absolut gesetzt werden.

	V	W	S	P
tag	3	0 – 5	2 – 5	0
guten tag	0	0 – 5	0 – 3	0 – 5
hallo	2 – 5	2 – 5	2 – 5	0 – 1
grüß dich	4 – 5	4 – 5	4 – 5	0

Aufgabe 5

Routine: *Ritual:*

offen, nicht konventionalisiert,   konventionell festgelegt,
zweck- und zielgerichtet,   nicht zielgerichtet,
hilft dem Sprecher bei der Er-   dient der Herstellung und Auf-
reichung eines Gesprächsziels   rechterhaltung sozialer Beziehungen;
(zum Beispiel Informationen   von gesellschaftlichen Normen
zu bekommen)   beeinflußt

Aufgabe 6

a) Einige Mißverständnisse, die sich aus diesem Text für ausländische Lesende ergeben könnten, habe ich auf Seite 20f. aufgezählt. Vielleicht haben Sie noch weitere gefunden.

b) Auf Seite 20 habe ich Ihnen einige Möglichkeiten zusammengestellt. In der Studieneinheit *Wortschatzarbeit und Bedeutungsvermittlung* finden Sie weitere Vorschläge und Beispiele für den Unterricht.

Aufgabe 7

a) Der Text des Aufklebers spielt auf eine Formulierung an, die man häufig auf Hinweisschildern an Baustellen sieht: *„Betreten der Baustelle verboten. Eltern haften für ihre Kinder"*. Das heißt, die Eltern sind für den Schaden verantwortlich, den ihre Kinder eventuell anrichten. Der Aufkleber soll darauf aufmerksam machen, daß die Folgeschäden eines Reaktorunglücks von den Kindern der Verursacher getragen werden müssen; der ursprüngliche Satz wird also auf den Kopf gestellt.

b) Wahrscheinlich ja – leider.

c) Einige Möglichkeiten der Interpretation habe ich Ihnen auf Seite 24 zusammengestellt.

d) In diesem Fall gibt es im Dänischen keine Entsprechung für *„Guten Appetit"* und umgekehrt gibt es im Deutschen keine Entsprechung für die dänische Tischformel nach dem Essen. Hier können leicht Mißverständnisse entstehen, weil eventuell ein Auslassen der jeweiligen Formeln als unhöflich empfunden wird.

e) Sicher haben Sie einige Beispiele gefunden. Hier zusätzlich einige generelle Hinweise: Wichtig für eine deutsche Geburtstagsfeier sind – neben den Glückwünschen – sicherlich die Geschenke. Die Einladung kann sich entweder auf einen Nachmittagskaffee mit Kuchen oder auf ein größeres Fest am Abend erstrecken.

Aufgabe 8

Die Beantwortung der Teilfragen hängt stark von den in Ihrem Land geltenden Besuchssitten ab. Auf den Seiten 28 – 31 interpretiere ich das Mißverständnis, das diesem Beispiel zugrunde liegt, vor dem Hintergrund der unterschiedlichen Kulturen.

Aufgabe 9

a) und b) Vielleicht können Sie Ihre Erfahrungen mit Ihren Kolleginnen und Kollegen austauschen.

c) Eine Möglichkeit dafür, wie Sie im Unterricht mit diesem Dialog weiterarbeiten können, gebe ich in dem anschließenden Unterrichtsvorschlag (S. 35f.).

Aufgabe 10

a) Das „Du" zwischen Erwachsenen setzt normalerweise, wie wir gesehen haben, einen bestimmten Vertrautheitsgrad voraus, der in der vorliegenden Situation nicht gegeben ist. Die Gesprächspartner drücken durch den symmetrischen Gebrauch des „Sie" ihre Achtung voreinander aus. Das asymmetrisch (einseitig) verwendete „Du" signalisiert dagegen Geringschätzung und kommt einem Angriff auf die Ehre des mit „Du" Angesprochenen gleich.

b) Der Richter hätte das Verhalten der Frau auch anders bewerten können: Der einseitige Gebrauch des „Du" durch ältere Personen kann als Hinweis auf den Alters- und Erfahrungsunterschied verstanden werden (vergleichen Sie dazu S. 39). Zudem gilt *„Frau Gunda"* als Nürnberger Original; auch das hätte der Richter strafmildernd berücksichtigen können.

Aufgabe 11

a) Der „erste Student" wendet die unter erwachsenen Deutschen geltende Regel für die Anrede an. In dieser Situation unter Studenten gilt jedoch eine andere Regel, nach der die Verwendung des „Sie" als zu förmlich oder distanziert gilt.

b) Studenten in Deutschland reden sich seit Ende der sechziger Jahre normalerweise mit „Du" an. Vergleichen Sie dazu die Ausführungen auf S. 42f.

Aufgabe 12

a) Die Atmosphäre des Ladens – jugendliche Verkäufer, Pop-Musik – legt für die Anrede das unter Jugendlichen übliche „Du" nahe; der Verfasser fühlt sich aufgrund seines Alters jedoch nicht mehr „berechtigt", sich dieser Anredekonvention zu bedienen; er fürchtet zudem, der Verkäufer könne ihn mit einem möglichen „Sie" in der Antwort auf sein Alter hinweisen.

b) Es empfiehlt sich in solchen Situationen zunächst immer die Anrede mit „Sie".

Aufgabe 13

Während die „Du"-Anrede in den alten Bundesländern zum Ausdruck einer politischen und sozialen Solidarität wurde, die sich gegen die traditionellen Regierungsparteien (vor allem CDU, CSU, FDP) richtete (vergleichen Sie Schema 7 auf Seite 43), wurde diese Anredeform in der ehemaligen DDR gerade von der Regierung als Ausdruck der sozialistischen Überzeugung eingesetzt. Davon wollten sich kritische DDR-Bürger bewußt mit der „Sie"-Anrede distanzieren.

Aufgabe 14

a) Es handelt sich um die Eröffnung einer Ausstellung. Mehrere Gäste sind zum Steh-Empfang geladen. Im Zentrum stehen der Künstler und seine Partnerin.

b) Die Aufmerksamkeit gilt der Formulierung der Anrede: Der Künstler gebraucht beim Dank an seine Partnerin eine Genus-Variation („*meine gute Geistin*" anstelle des erwarteten „*meinen guten Geist*"); mit der Antwort „*oh, vielen Dank, mein besserer Hälft*" verfährt die Partnerin mit dem normalerweise femininen Anredenomen („*meine bessere Hälfte*") in gleicher Weise in umgekehrter Richtung („*meine bessere Hälfte*" verwendet man – meist scherzhaft – für „*mein Ehepartner*" oder „*meine Ehepartnerin*").

c) Die Abweichungen spielen auf eine sprachkritische Diskussion in der Bundesrepublik an: Ausgangspunkt ist die generalisierende Verwendung maskuliner Formen („*der Lehrer*") für Männer und Frauen. Lesen Sie dazu die Erläuterungen im Anschluß an diese Aufgabe.

Aufgabe 15

a) Die Frage läßt sich nicht eindeutig beantworten: Zumindest im Bereich der Personenbezeichnungen wird man hier je nach Position zu einer unterschiedlichen Einschätzung gelangen. Man könnte zum Beispiel anstelle der geschlechtsneutral verwendeten Singularformen immer gleichzeitig auch die feminine Bezeichnung hinzufügen oder voranstellen. Beispiele für Lösungen finden Sie im Anschluß an die Aufgabe.

b) Sogenannte movierende Formen, also maskuline und feminine Bezeichnungen („*der Lehrer*" – „*die Lehrerin*"), kommen in vielen Sprachen vor: Während es in den USA ähnliche Diskussionen wie in der Bundesrepublik Deutschland gibt, wird über dieses Problem in Schweden oder in Polen wenig gestritten.

c) Die einfachste Formulierung wäre:
„Alle, die ihr Auto zu Hause lassen, erhalten ein Getränk."

Aufgabe 16

a) und b):
Wie notwendig oder sinnvoll eine generelle Einführung zusätzlicher weiblicher Formen ist, darüber gehen die Meinungen in der Literatur weit auseinander (zum Beispiel Kalverkämper 1979, Zimmer 1986, 65ff.). Mehrere der „Richtlinien" oder „Therapievorschläge", die die Autorinnen in Beispiel 23 (S. 49) geben, sind sehr einleuchtend und akzeptabel; es ist beispielsweise auf der Ebene der Sprachverwendung nicht einzusehen, warum bestimmte Anredeformeln nur den Namen des Mannes vorsehen („...*Herrn Dr. Kurt Müller mit Gemahlin*"). Andere Vorschläge wirken dagegen weniger überzeugend und müßten diskutiert werden. Warum zum Beispiel soll man feste Wendungen auflösen („*Jeder tut, was er kann*" oder „*Der kluge Mann baut vor*")?

Aufgabe 17

Diskutieren Sie diese Frage auch in Ihrer Klasse.

Aufgabe 18

a) *Beispiel 26 b:*

A: Gruß und Nennung des Namens.
B: Erwiderung des Grußes mit Nennung des Namens und Bekundung der Freude über den Besuch.

Beispiel 27:

Gerd: Gruß und Bemerkung zur Kontaktpflege, Erkundigung nach dem Befinden.
Thomas: Beantwortung der Frage nach dem Befinden. Aufgreifen des Kontakt-Themas.

b)

Sprecher A	*Sprecher B*
Gruß (+ Nennung des Namens)	
	Gruß (+ Nennung des Namens) – Erkundigung nach dem Befinden
– Freude über das Wiedersehen bekunden – Erkundigung nach dem Befinden	
	Fortführung des Gesprächs

Aufgabe 19

Beispiel 25: Annahme der Einladung + Verabredung des nächsten Kontakts (Zeile 14–16). Austausch von Abschiedsformeln (Zeile 17,18).

Beispiel 29: Rechtfertigung für die frühe Verabschiedung. – Ausdruck des Bedauerns + Wunsch – Rechtfertigung für den frühen Abschied – Ausdruck des Bedauerns – Abschiedsformel + Bezugnahme auf spätere Kontakte.

Beispiel 30: Ankündigung des Abschieds + Ausdruck des Bedauerns. – Ausdruck des Bedauerns. – Rechtfertigung für den frühen Abschied. – Ausdruck des Bedauerns + Wunsch. – Abschiedsformel + Bezugnahme auf spätere Kontakte.

Aufgabe 20

a)

	Einleitung	*Beendigung*
Beispiel 1	– Nennung der Institution + Name – Gruß + Name, Thema	– Dank + Verabschiedung – Erwiderung des Danks + Verabschiedung
Beispiel 4	– Nennung der Institution + Name – Gruß + Name, Thema	
Beispiel 5	– ja – Gruß + Name des Angerufenen + eigener Name	– Bezug auf einen späteren Kontakt – Bestätigung + Verabschiedung
Beispiel 34	– Nennung des Namens – Gruß + Name	– Verabschiedungsformel – Bezug auf einen späteren Kontakt

b) Auffallendstes medienbedingtes Merkmal ist zweifellos die Kontakteröffnung durch den Angerufenen mit *„ja"*, *„hallo"*. Auch die Beendigung mit *„auf Wiederhören"* ist ein spezifisches Kennzeichen der Telefonkommunikation; daneben gibt es noch Formulierungen wie *„X (Nachname) am Apparat"*, *„ich verbinde"*, *„die Leitung ist im Augenblick belegt"* usw., die sich direkt auf den technischen Bereich des Telefonierens beziehen.

Aufgabe 21

a) Der Stil des modernen Bewerbungsbriefes (Beispiel 38) ist insgesamt sachlicher und direkter. Die Höflichkeitsfloskeln (*„unter höflicher Bezugnahme"*) und vor allem die unterwürfigen Formulierungen (*„ganz ergebenst"*, *„erlaube ich mir"*, *„ich gestatte mir"*) fehlen in dem modernen Briefbeispiel vollständig. Eine genauere Analyse der Unterschiede finden Sie auf S. 73f. f.

b) Formulierungen wie *„unter höflicher Bezugnahme"*, *„gestatte ich mir, meine Dienste ganz ergebenst anzubieten"*, *„in vorzüglichster Hochachtung ganz ergebenst"* unterstreichen in Beispiel 37 a die unterwürfige Haltung, mit der ein Stellenbewerber seine Arbeitskraft zu Beginn unseres Jahrhunderts anbieten sollte. Doch darf man den Text nicht isoliert sehen und hinter der Ausdrucksweise so etwas wie individuelle Selbsterniedrigung vermuten – auch wenn es wörtlich so gesagt wird. Die Formeln sind geprägt von Ausdrücken der Unterwürfigkeit (insbesondere die Titulatur bei der Anrede) und von klaren Markierungen hierarchischer Unterschiede, wie sie in Deutschland um die Jahrhundertwende üblich waren. Der Verfasser eines Briefes soll nun sowohl den Adressaten als auch sich selbst innerhalb dieses Rahmens einordnen. Nach einem traditionellen rhetorischen Prinzip wird dabei der Angesprochene erhöht, während sich der Schreiber gleichzeitig herabstuft.

Aufgabe 22

Beispiel (39 a) stammt aus dem Jahr 1956, (39 b) wurde 1990 geschrieben. (a) enthält indirekte, im Konjunktiv formulierte Aufforderungen, die sehr unterwürfig klingen. (b) bringt direkt zum Ausdruck, worum es geht: um Geld.

veraltet (a)	*modern (b)*
Form: *„Betr."*, Ausrufezeichen in der Anrede (!)	Kein *„Betr."*, Komma statt Ausrufezeichen
„wenn Sie die Güte haben würden"	*„wir bitten Sie"*
„im voraus verbindlichsten Dank"	*„vielen Dank"*
„hochachtungsvoll"	*„mit freundlichem Gruß"*

Aufgabe 23

a) Die Äußerungen Walters sind sehr kurz und eher unhöflich. Er bedankt sich nicht bei seinen Gastgebern für den Nachmittag, er bedauert nur knapp (*„leider"*), daß er früh gehen muß und sagt nicht, daß ihm der Nachmittag bei seinen Freunden gefallen hat. Seine kurze Verabschiedung wirkt fast beleidigend.

b) Er könnte zum Beispiel die angebotenen Zigaretten freundlicher ablehnen: *„Danke für das Angebot, aber ich rauche nicht."* oder seine frühe Abreise mit einem Dank verbinden: *„Vielen Dank für den schönen Nachmittag. Es ist wirklich schade, daß ich schon gehen muß."* oder : *„Es hat mir sehr gut gefallen bei euch. Leider fährt mein Zug schon um sieben Uhr"*. Er könnte sich auch dafür bedanken, daß ihn Herr Braun mit dem Auto zum Bahnhof fahren will.

Aufgabe 24

Welche Formulierung Sie für Ihre Aufforderung wählen, hängt einmal davon ab, welche sprachliche Form Sie für die geeignetste halten, um dem Schüler Ihr Anliegen verständlich zu machen. In Schema 11 habe ich die wichtigsten Möglichkeiten zusammengestellt.

Hinzu kommen jedoch noch weitere wichtige Aspekte, die Ihre Entscheidung beeinflussen:

– der pädagogische Arbeitsstil, der auch das Verhältnis zur Klasse bestimmt,
– die Einschätzung des Schülers und seiner Handlungsmotive,
– die Wahrung des eigenen Image als Lehrerin oder Lehrer.

Aufgabe 25

Das Ergebnis ist auf den ersten Blick eindeutig: Die deutschen Sprecher greifen tendenziell eher auf direkte Formulierungen zurück, während die englischen Versuchsteilnehmer indirekte Formen bevorzugen, die Stufen 7 und 8 fehlen hier sogar ganz. Ein Test zur Formulierung von Aufforderungen brachte ähnliche Resultate: eine Tendenz zu größerer Direktheit bei den deutschen Sprechern, mehr indirekte Aufforderungen bei den englischen Teilnehmern. Die Aussagen werden bei House/Kasper noch zusätzlich bekräftigt durch eine Analyse von Formulierungen, die Abschwächungen oder verstärkende Mittel enthalten: Die deutschen Sprecher benutzen im Vergleich weniger Abschwächungen und, parallel dazu, häufiger intensivierende Mittel (1981, 166 ff.).

Aufgabe 26

Diskutieren Sie diese Aufgabe in Ihrer Klasse.

Aufgabe 27

Beispiel 46 a)

1. *,Ihn sticht der Hafer'.* (= Er wird übermütig und hat verrückte Absichten im Kopf.) Mit dieser Wendung bringt man seine Überraschung zum Ausdruck. Die Hülse des Haferkorns hat spitze Härchen, die sich in die Kleidung bohren und bei Berührung unangenehm stechen. Diese idiomatische Wendung stammt wie die nächste aus dem landwirtschaftlichen Bereich.

2. *,Hopfen und Malz sind verloren'.* (= Alles ist umsonst, es ist nichts mehr zu retten.) Hopfen und Malz sind die wichtigsten Grundlagen für die Herstellung von Bier, dem – neben Brot – lange Zeit wichtigsten Nahrungsmittel in Deutschland.
Sehr viele dieser alten idiomatischen Wendungen, die auch heute noch sehr gebräuchlich sind, stammen aus dem bäuerlichen Bereich.

Beispiel 46 b)

1. *,Nur bis zur nächsten Kirchturmspitze sehen'* (= nicht viel verstehen, ein begrenztes Weltbild haben). Das Leben der Menschen in Deutschland spielte sich bis vor ungefähr 150 Jahren in erster Linie im Dorf ab, dessen Zentrum (auch heute noch) die Kirche bildete. Viele Menschen kannten nicht mehr als ihr Dorf und die nahe Umgebung: das nächste Dorf mit der nächsten Kirchturmspitze.

2. *,Laß die Kirche im Dorf'* (= Bleibe vernünftig, übertreibe nicht). Das Dorf und die Kirche als Zentrum waren lange Zeit die wesentlichen Erfahrungsbereiche der Menschen in Deutschland. Ein Dorf ohne Kirche ist immer noch unvorstellbar. Wer die Kirche aus dem Dorf nehmen wollte, würde praktisch die Welt auf den Kopf stellen. Beide Wendungen sind noch sehr gebräuchlich.

Beispiel 46 c)

1. *,Dastehen wie ein begossener Pudel'* (= verunsichert, beschämt sein, so wie ein Pudel [Hundeart], über den man Wasser gegossen hat).

2. *,Sich pudelwohl fühlen'* (= sich gut fühlen wie ein glücklicher Hund). Beide Ausdrücke sind noch sehr verbreitet. In Deutschland mag man Hunde sehr gern, und Pudel waren lange Zeit die beliebtesten Hunde; deshalb gibt es auch viele idiomatische Ausdrücke und Vergleiche, in denen Pudel oder andere Hunde vorkommen.

B. Erläuterungen

Transkriptionszeichen

...	kurze Pause
... ...	längere Pause (mehrere Sekunden)
(Lachen)	nonverbale Äußerung
(xxx)	unverständliche Äußerung
↑ , ↓	steigende, fallende Intonation
	(nur an auffälligen Stellen vermerkt)
:	Dehnung
/	Abbruch
K: ⌈	Passagen mit simultanem
A: ⌊	Sprechen
/... .../	Auslassung

Worterklärungen zu Beispiel 37

[1] „ergebenst": Steigerungsform von „ergeben"; eigentlich: bereit sein, jemandem bedingungslos zu folgen, ohne eigene Ansprüche anzumelden

[2] „daselbst": dort

[3] „Befähigung zum Einjährigen-Dienst": gemeint ist die einjährige Militärzeit (mit Erreichen eines bestimmten Schulabschlusses, des sog. „Einjährigen", konnte man sich zu einem bevorzugten, da zeitlich verkürzten Militärdienst melden)

[4] „derselbe Satz": derselbe Betrag

9   Literaturhinweise

Zu Routinen und Ritualen allgemein (Kapitel 1)

COULMAS, Florian (1981): *Routine im Gespräch.* Wiesbaden: Athenaion (besonders Seite 70 ff.).
Systematische Darstellung aus pragmatischer Sicht, untersucht vor allem Verwendungszusammenhänge und kommunikative Funktionen von Routineformeln sowie interkulturelle Unterschiede.

GOFFMAN, Erving (1971): *Interaktionsrituale.* Frankfurt/M.: Suhrkamp (amerik. Orig. 1967).
Gehört inzwischen zu den Klassikern der Sprachritual-Forschung; geht von einem sehr weiten Ritualbegriff aus und beschreibt Verfahren der Imagearbeit.

GÜLICH, Elisabeth/HENKE, Käthe (1979/1980): *Sprachliche Routine in der Alltagskommunikation.* In: Die Neueren Sprachen 78, S. 513–530; 79, S. 2–33.
Am Englischen und Französischen orientierte Arbeit, die einmal den Gebrauch von Routineformeln in direkter Kommunikation, in Telefondialogen und in Brieftexten analysiert und zum andern entsprechende Defizite in Sprachlehrbüchern aufzeigt.

WERLEN, Iwar (1984): *Ritual und Sprache.* Tübingen: Narr (besonders Seite 230 ff.).
Sehr ausführliche Abhandlung, berücksichtigt unter anderem religiöse Rituale sowie Anfänge und Beendigungen von Konversationen; mit einem umfassenden, gut lesbaren Forschungsüberblick.

WUNDERLICH, Dieter (1978): *Wie analysiert man Gespräche? Beispiel Wegauskünfte.* In: Linguistische Berichte 58, S. 41–76.
An einem speziellen Gesprächstyp orientierte Beschreibung, arbeitet insbesondere routinierte Sequenzmuster heraus.

Zum Verhältnis von Alltagssprache und Kultur (Kapitel 2)

HADDAD, Najm (1987): *Kultur und Sprache. Eine kontrastive Analyse als didaktisches Konzept am Beispiel des Deutschen und Arabischen.* Frankfurt/M.: Lang (besonders Seite 41 ff., 213 ff.).
Sehr wichtige Arbeit, die landeskundliche, linguistische und didaktische Fragestellungen miteinander verbindet; u.a. detaillierte Darstellung zum Bereich der Pflege sozialer Kontakte, mit zahlreichen Unterrichtsbeispielen.

MÜLLER, Bernd-Dietrich (1986): *Interkulturelle Verstehensstrategien – Vergleich und Empathie.* In: NEUNER, Gerhard (1986): *Kulturkontraste im DaF-Unterricht.* München: Iudicium, S. 33–84.
Geht der Frage nach, wie sich im Deutschunterricht die Fähigkeit zur Perspektivenübernahme ausbilden läßt; mit zahlreichen Beispielen, insbesondere zu interkulturellen Problemsituationen.

QUASTHOFF, Uta M. (1986): *Nichtsprachliches und „semisprachliches" Wissen in interkultureller Kommunikation und Fremdsprachendidaktik.* In: Die Neueren Sprachen 85, S. 230–253.
Gibt einen Überblick über Ansätze, die sich mit der Erfassung kommunikationsrelevanter Wissensbestände beschäftigt haben, und stellt ein eigenes Modell für die Produktion und Rezeption von Texten vor; mit einer kurzen Diskussion fremdsprachendidaktischer Anwendungen.

Zum Anredeverhalten (Kapitel 3)

ZIMMER, Dieter E. (1986): *Redens Arten. Über Trends und Tollheiten im neudeutschen Sprachgebrauch.* Zürich: Haffmanns (besonders Seite 51 ff., 63 ff.).

Beschreibt und kommentiert verschiedene Tendenzen im heutigen Deutsch; zwei Kapitel sind speziell den Anredekonventionen und der Frage des Sexismus in der Sprache gewidmet; auch ohne linguistisches Vorwissen gut lesbar.

Zur Eröffnung und Beendigung von Kommunikation (Kapitel 4)

BRINER, Klaus / SAGER, Sven F. (1989): *Linguistische Gesprächsanalyse.* Berlin: Schmidt (besonders Seite 94 ff.).
Enthält Informationen zu verschiedenen hier behandelten Themen; übersichtliche Darstellung der Phasengliederung von Gesprächen; nützlich vor allem für diejenigen, die mit den Verfahren der Gesprächsanalyse noch nicht so vertraut sind.

Zur Höflichkeit im Deutschen (Kapitel 5)

WEINRICH, Harald (1986): *Lügt man im Deutschen, wenn man höflich ist?* Mannheim: Bibliographisches Institut.
Knappe Einführung in verschiedene Aspekte der Höflichkeit; geht ausführlich auch auf kulturelle Hintergründe ein, mit zahlreichen kontrastiven Hinweisen.

10 Quellen

A. Zitierte Literatur

ACKERMANN, Irmgard (Hrsg.) (1982): *Als Fremder in Deutschland*. München: dtv.

AMMON, Ulrich (1972): *Zur sozialen Funktion der pronominalen Anrede im Deutschen*. In: Zeitschrift für Literaturwissenschaft und Linguistik 7, S. 73–88.

ANTOS, Gerd (1982): *Grundlagen einer Theorie des Formulierens*. Tübingen: Niemeyer.

BAUSINGER, Hermann (1981): *Alltagskommunikation*. In: Materialien zur Landeskunde 1. Bonn: Deutscher Akademischer Austauschdienst (DAAD), S. 4–37.

BAYER, Klaus (1979): *Die Anredepronomina „du" und „Sie"*. In: Deutsche Sprache 7, S. 212–219.

BERENS, Franz-Josef (1981): *Dialogeröffnung in Telefongesprächen*. In: SCHRÖDER, Peter/STEGER, Hugo (Hrsg.): *Dialogforschung*. Düsseldorf: Schwann, S. 402–417.

BERGER, Peter L./LUCKMANN, Thomas (1980): *Die gesellschaftliche Konstruktion der Wirklichkeit*. Frankfurt/M.: Fischer (amerik. Original 1966).

BERTRAND, Yves (1988): *Faut-il enseigner la politesse allemande?* In: Nouveaux Cahiers d'Allemand 6, S. 89–109.

BROWN, Penelope/LEVINSON, Stephen (1978): *Universals in language use: Politeness phenomena*. In: GOODY, Esther N. (Hrsg.): *Questions and politeness*. Cambridge: C.U.P., S. 56–324.

BRÜCKNER, Heidrun (Hrsg.) (1981): *Lehrer und Lernende im Deutschunterricht*. Berlin: Langenscheidt.

BÜCHLE, Karin (1991): *„Briefkontakte" – Aspekte eines interkulturellen/interlingualen Textvergleichs (deutsch-spanisch)*. In: Berliner Beiträge zu Deutsch als Fremdsprache. Wissenschaftliche Zeitschrift der Humboldt-Universität zu Berlin 40, S. 19–30.

BURGER, Harald/BUHOFER, Annelies/SIALM, Ambros (1982): *Handbuch der Phraseologie*. Berlin: de Gruyter.

COLE, Peter/MORGAN, Jerry L. (Hrsg.) (1975): *Syntax and semantics,* Bd. 3. New York: Academic Press.

COMMER, Heinz (1987): *Knigge International. Ungeschriebene Gesetze und richtige Umgangsformen im Ausland*. Düsseldorf, Wien, New York: Econ.

COULMAS, Florian (1981): *Routine im Gespräch*. Wiesbaden: Athenaion.

COULMAS, Florian (Hrsg.) (1981a): *Conversational routine*. The Hague: Mouton.

COULMAS, Florian (1985): *Diskursive Routine im Fremdsprachenerwerb*. In: Sprache und Literatur in Wissenschaft und Unterricht 56, S. 47–66.

CRYSTAL, David/DAVY, Derek (1975): *Advanced conversational English*. London: Longman.

DANIELS, Karlheinz (1976): *Redensarten, Sprichwörter, Slogans, Parolen*. In: HENRICI, Gert/MEYER-HERMANN, Reinhard (Hrsg.): *Linguistik und Sprachunterricht*. Paderborn: Schöningh, S. 174–191.

DANIELS, Karlheinz (1985): *„Idiomatische Kompetenz" in der Zielsprache Deutsch*. In: Wirkendes Wort 35, S. 145–157.

DANIELS, Karlheinz (1985a): *Geschlechtsspezifische Stereotypen im Sprichwort*. In: Sprache und Literatur in Wissenschaft und Unterricht 56, S. 18–25.

DANIELS, Karlheinz/POMMERIN, Gabriele (1979): *Die Rolle sprachlicher Schematismen im Deutschunterricht für ausländische Kinder.* In: Die Neueren Sprachen 78, S. 572–586.

DIJK, Teun A. van (1977): *Context and cognition: Knowledge frames and speech act comprehension.* In: Journal of Pragmatics 1, S. 211–232.

EHLICH, Konrad (1986): *Xenismen und die bleibende Fremdheit des Fremdsprachensprechers.* In: HESS-LÜTTICH, Ernest W.B. (Hrsg.): *Integration und Identität.* Tübingen: Narr, S. 43–54.

EIBL-EIBESFELDT, Irenäus (1968): *Zur Ethologie des menschlichen Grußverhaltens.* In: Zeitschrift für Tierpsychologie 25, S. 727–744.

EIBL-EIBESFELDT, Irenäus (1984): *Die Biologie des menschlichen Verhaltens. Grundriß der Humanethologie.* München: Piper.

ERMERT, Karl (1979): *Briefsorten.* Tübingen: Niemeyer.

ETTL, Susanne (1984): *Anleitungen zu schriftlicher Kommunikation. Briefsteller von 1880 – 1980.* Tübingen: Niemeyer.

FIRGES, Jean/MELENK, Hartmut (1982): *Landeskunde als Alltagswissen.* In: Praxis des neusprachlichen Unterrichts 29, S. 1–9.

FRANKE, Wilhelm (1985): *Das Verkaufs-/Einkaufsgespräch.* In: Wirkendes Wort 35, S. 53–72.

FREY, Christa u.a. (1988): *Deutsche Sprichwörter für Ausländer.* Leipzig: Enzyklopädie.

GARFINKEL, Harold (1967): *Studies in ethnomethodology.* Englewood Cliffs: Prentice Hall.

GARFINKEL, Harold (1973): *Das Alltagswissen über soziale und innerhalb sozialer Strukturen.* In: Arbeitsgruppe Bielefelder Soziologen (Hrsg.): Alltagswissen, Interaktion und gesellschaftliche Wirklichkeit, Bd. 1. Reinbek: Rowohlt, S. 207.

GERIGHAUSEN, Josef/SEEL, Peter C. (Hrsg.) (1983): *Interkulturelle Kommunikation und Fremdverstehen.* München: Goethe-Institut.

GODARD, Danièle (1977): *Same setting, different norms: Phone call beginnings in France and the United States.* In: Language in Society 6, S. 209–219.

GÖHRING, Heinz (1980): *Deutsch als Fremdsprache und interkulturelle Kommunikation.* In: WIERLACHER, Alois (Hrsg.): *Fremdsprache Deutsch,* Bd. 1. München: Fink, S. 70–90.

GOFFMAN, Erving (1974): *Das Individuum im öffentlichen Austausch.* Frankfurt/M.: Suhrkamp (amerik. Original 1971).

GRÉCIANO, Gertrud (1982): *Zur Semantik der deutschen Idiomatik.* In: Zeitschrift für germanistische Linguistik 10, S. 295–316.

GRICE, H. Paul (1975): *Logic and conversation.* In: COLE, Peter/MORGAN, Jerry L. (Hrsg.): *Syntax and Semantics,* Bd. 3, S. 41–58.

GUENTHERODT, Ingrid (1980): *Behördliche Sprachregelungen gegen und für eine sprachliche Gleichbehandlung von Frauen und Männern.* In: Linguistische Berichte 69, S. 22–36.

GÜLICH, Elisabeth/HENKE, Käthe (1979/1980): *Sprachliche Routine in der Alltagskommunikation.* In: Die Neueren Sprachen 78, S. 513–530; 79, S. 2–33.

HADDAD, Najm (1987): *Kultur und Sprache.* Frankfurt/M.: Lang.

HARTMANN, Dietrich (1973): *Begrüßungen und Begrüßungsrituale.* In: Zeitschrift für germanistische Linguistik 1, S. 133–162.

HENRICI, Gert/HERLEMANN, Brigitte (1986): *Semantisierungsprobleme im DaF/DaZ-Unterricht. Zum Beispiel Kontaktaufnahme – Kontaktbeendigung: Begrüßen – Verabschieden.* In: Goethe-Institut, Ref. 41 (Hrsg.): *Routinen im Fremdsprachenerwerb.* München: Goethe-Institut, S. 262–342 (mit Nachtrag).

HESS-LÜTTICH, Ernest W.B. (1983): *Kontrastive Phraseologie im DaF-Unterricht – anhand arabischer und niederländischer Brecht-Übersetzungen.* In: HESS-LÜT-TICH, Ernest W.: *Textproduktion und Textrezeption,* S. 25–39.

HESS-LÜTTICH, Ernest W.B. (Hrsg.) (1983a): *Textproduktion und Textrezeption.* Tübingen: Narr.

HESS-LÜTTICH, Ernest W.B. (1984): *Phrasen als Kultur-Zeichen.* In: ders.: *Kommunikation als ästhetisches „Problem".* Tübingen: Narr, S. 271–299.

HINDELANG, Götz (1983): *Einführung in die Sprechakttheorie.* Tübingen: Niemeyer.

HOG, Martin/MÜLLER, Bernd-Dietrich/WESSLING, Gerd (1984): *Sichtwechsel. Elf Kapitel zur Sprachsensibilisierung.* Lehrb. (a), Lehrerhandb. (b). Stuttgart: Klett.

HOLLY, Werner (1979): *Imagearbeit in Gesprächen.* Tübingen: Niemeyer.

HOUSE, Juliane (1979): *Interaktionsnormen in deutschen und englischen Alltagsdialogen.* In: Linguistische Berichte 59, S. 76–90.

HOUSE, Juliane/KASPER, Gabriele (1981): *Politeness markers in English and German.* In: COULMAS, Florian: *Conversational routine,* S. 157–185.

HÜLLEN, Werner (1981): *Lehrbuchdialoge und linguistische Gesprächsanalyse.* In: BRÜCKNER, Heidrun (Hrsg.): *Lehrende und Lernende im Deutschunterricht,* S. 266–269.

JÄGER, Karl-Heinz (1976): *Zur Beendigung von Dialogen.* In: BERENS, Franz-Josef u.a.: *Projekt Dialogstrukturen.* München: Hueber, S. 105–135.

JETTER, Werner (1978): *Symbol und Ritual.* Göttingen: Vandenhoeck & Ruprecht.

KALLMEYER, Werner/SCHÜTZE, Fritz (1976): *Konversationsanalyse.* In: Studium Linguistik 1, S. 1–28.

KALVERKÄMPER, Hartwig (1979): *Die Frauen und die Sprache.* In: Linguistische Berichte 62, S. 55–71.

KARDORFF, Ernst von (1983): *„Thematisches Bewußtsein" als Basis lebensweltlich-handlungsbezogenen Fremdverstehens* (mit Diskussion). In: GERIGHAUSEN, Josef/SEEL, Peter C. (Hrsg.): *Interkulturelle Kommunikation und Fremdverstehen,* S. 136–185.

KRAMSCH, Claire (1980): *Interaktionsstrategien im kommunikationsorientierten Fremdsprachenunterricht.* In: Zielsprache Deutsch 4, S. 12–16.

KRAMSCH, Claire (1984): *Interaction et discours dans la classe de langue.* Paris: Hatier.

KÜHN, Peter (1984): *Pragmatische und lexikographische Beschreibung phraseologischer Einheiten: Phraseologismen und Routineformeln.* In: WIEGAND, Herbert Ernst (Hrsg.): *Studien zur neuhochdeutschen Lexikographie,* Bd. 4. Hildesheim: Olms, S. 175–235.

LÜGER, Heinz-Helmut (1983): *Some aspects of ritual communication.* In: Journal of Pragmatics 7, S. 695–711.

LÜGER, Heinz-Helmut (1985): *Schriftliches und mündliches Argumentieren.* In: MÜLLER, Bernd-Dietrich (Hrsg.): *Textarbeit – Sachtexte,* S. 149–165.

LÜGER-LUDEWIG, Brigitte/LÜGER, Heinz-Helmut (1981): *Dialogschulung per Telefon.* In: Praxis des neusprachlichen Unterrichts 28, S. 89–92.

MANEKELLER, Wolfgang (1984 ff.): *Der Textberater.* Freiburg: Haufe.

MELENK, Hartmut (1977): *Der didaktische Begriff der „kommunikativen Kompetenz".* In: Praxis des neusprachlichen Unterrichts 24, S. 3–12.

MIEDER, Wolfgang (Hrsg.) (1979): *Deutsche Sprichwörter und Redensarten.* Stuttgart: Reclam.

MORCHÉ, Pascal (1991): *Siezt Du wohl!* In: Intercity 10, S. 58–60.

MÜLLER, Bernd-Dietrich (1980): *Zur Logik interkultureller Verstehensprobleme.* In: Jahrbuch Deutsch als Fremdsprache 6, S. 102–119.

MÜLLER, Bernd-Dietrich (Hrsg.) (1985): *Textarbeit – Sachtexte.* München: Iudicium.

MÜLLER, Bernd-Dietrich (1986): *Interkulturelle Verstehensstrategien – Vergleich und Empathie.* In: NEUNER, Gerhard (Hrsg.): *Kulturkontraste im DaF-Unterricht,* S. 33–84.

MÜLLER, Bernd-Dietrich/NEUNER, Gerhard (Hrsg.) (1984): *Praxisprobleme im Sprachunterricht.* München: Iudicium.

MYERS, Greg (1988): *The pragmatics of politeness in scientific articles.* In: L.A.U.D. no 203, series A, S. 1–52.

NEUNER, Gerhard (1985): *Verstehen in der fremden Sprache.* In: MÜLLER, Bernd-Dietrich (Hrsg.): *Textarbeit – Sachtexte,* S. 11–26.

NEUNER, Gerhard (Hrsg.) (1986): *Kulturkontraste im DaF-Unterricht.* München: Iudicium.

NEUNER, Gerhard (1986a): *Fremdsprachlicher Text und universelle Lebenserfahrung.* In: NEUNER, Gerhard (Hrsg.): *Kulturkontraste im DaF-Unterricht,* S. 11–32.

NEUNER, Gerhard/KRÜGER, Michael/GREWER, Ulrich (1981): *Übungstypologie zum kommunikativen Deutschunterricht.* Berlin, München: Langenscheidt.

NEUNER, Gerhard/STEFFEN, Gabriele (1986): *Themen- und textorientiertes Arbeiten, Projekt Fortbildung ausländischer Deutschlehrer, Bd. 5,* Tübingen: DIFF.

OSTERLOH, Karl-Heinz (1986): *Wiederfinden der eigenen Identität. Fremdsprachenunterricht in der Dritten Welt. Beispiel: Marokko.* In: NEUNER, Gerhard (Hrsg.): *Kulturkontraste im DaF-Unterricht,* S. 173–192.

PIEPHO, Hans-Eberhard (1974): *Kommunikative Kompetenz als übergeordnetes Lernziel im Englischunterricht.* Dornburg-Frickhofen: Frankonius.

POLENZ, Peter von (1985): *Deutsche Satzsemantik. Grundbegriffe des Zwischen-den-Zeilen-Lesens.* Berlin: de Gruyter.

PUSCH, Luise F. (1984): *Frauensprache: Sprache der Veränderung.* Frankfurt/M: Fischer.

QUASTHOFF, Uta M. (1986): *Nichtsprachliches und „semisprachliches" Wissen in interkultureller Kommunikation und Fremdsprachendidaktik.* In: Die Neueren Sprachen 85, S. 230–253.

RAMGE, Hans (1977): *Zur sprachwissenschaftlichen Analyse von Alltagsgesprächen.* In: BAUMGÄRTNER, Klaus (Hrsg.): *Sprachliches Handeln.* Heidelberg: Quelle & Meyer, S. 109–128.

REHBEIN, Jochen (Hrsg.) (1985): *Interkulturelle Kommunikation.* Tübingen: Narr.

REICHEL, Wolfgang (1989): *Bewerbungsstrategien. Erfolgreiche Konzepte für Karrierebewußte.* Niedernhausen/Ts.: Falken.

REINBOTHE, Roswitha (1986): *Landeskunde im Deutschunterricht in China.* In: NEUNER, Gerhard (Hrsg.): *Kulturkontraste im DaF-Unterricht,* S. 241–254.

RÖHRICH, Lutz (1973): *Lexikon der sprichwörtlichen Redensarten,* 4 Bde. Freiburg: Herder.

RÖSLER, Dietmar (1980): *Konversationsklassen.* In: Zielsprache Deutsch 3, S. 2–10.

RÜCK, Heribert (1983): *Wie gelangt der Lerner einer Fremdsprache von der Textrezeption zur Textproduktion?* In: HESS-LÜTTICH, Ernest W.B. (Hrsg.): *Textproduktion und Textrezeption,* S. 41–48.

SACHS, Rudolf (1991): *Deutsche Handelskorrespondenz.* München: Hueber.

SANDIG, Barbara (1986): *Stilistik der deutschen Sprache.* Berlin: de Gruyter.

SCHEGLOFF, Emanuel A. (1968): *Sequencing in conversational openings.* In: American Anthropologist 70, S. 1075–1095.

SCHMITZ, Werner / SCHEINER, Dieter (1983): *Ihr Schreiben vom... Geschäftliche und private Briefe im Baukastensystem.* München: Verlag für Deutsch.

SCHNEIDER, Klaus P. (1986): *Stereotype und Sprachbewußtsein: Beispiel „small talk".* In: BREKLE, Herbert E./MAAS, Utz (Hrsg.): *Sprachwissenschaft und Volkskunde.* Opladen: Westdeutscher Verlag, S. 140–154.

SCHOENTHAL, Gisela (1989): *Personenbezeichnungen im Deutschen als Gegenstand feministischer Sprachkritik.* In: Zeitschrift für germanistische Linguistik 17, S. 296–314.

SCHÜLE, Klaus (1983): *Politische Landeskunde und kritische Fremdsprachendidaktik.* Paderborn: Schöningh.

SCHÜTZ, Alfred/LUCKMANN, Thomas (1979): *Strukturen der Lebenswelt,* Bd. 1. Frankfurt/M.: Suhrkamp.

SEARLE, John R. (1975): *Indirect speech acts.* In: COLE, Peter/MORGAN, Jerry L. (Hrsg.): *Syntax and semantics,* Bd. 3, S. 59–82.

SEIDEL, Brigitte (1980): *Redewendungen – Sprachschablonen.* In: Blätter für den Deutschlehrer 2, S. 39–51.

SORNIG, Karl (1985): *Intim-Varianten.* In: REHBEIN, Jochen (Hrsg.): *Interkulturelle Kommunikation,* S. 175–189.

STICKEL, Gerhard (1988): *Beantragte staatliche Regelung zur „sprachlichen Gleichbehandlung", Darstellung und Kritik.* In: Zeitschrift für germanistische Linguistik 16, S. 330–355.

TRÖMEL-PLÖTZ, Senta (1978): *Linguistik und Frauensprache.* In: Linguistische Berichte 57, S. 49–68.

TRÖMEL-PLÖTZ, Senta (Hrsg.) (1984): *Gewalt durch Sprache. Die Vergewaltigung von Frauen in Gesprächen.* Frankfurt/M.: Fischer.

WEFELMEYER, Fritz (1984): *Über den praktischen Zusammenhang zwischen Kulturverstehen und Handlungsfähigkeit.* In: MÜLLER, Bernd-Dietrich/NEUNER, Gerhard (Hrsg.): *Praxisprobleme im Sprachunterricht,* S. 27–37.

WEINRICH, Harald (1981): *Fremdsprachenunterricht für den Alltag und der Alltag des Fremdsprachenunterrichts.* In: BRÜCKNER, Heidrun (Hrsg.): *Lehrer und Lernende im Deutschunterricht,* S. 33–49.

WEINRICH, Harald (1986): *Lügt man im Deutschen, wenn man höflich ist?* Mannheim: Bibliographisches Institut.

WELLER, Franz-Rudolf (1979): *„Idiomatizität" als didaktisches Problem des Fremdsprachenunterrichts – erläutert am Beispiel des Französischen.* In: Die Neueren Sprachen 78, S. 530–554.

WERLEN, Iwar (1984): *Ritual und Sprache.* Tübingen: Narr.

WICHTERICH, Christa (1984): *Landeskunde als interkulturelle Kommunikation.* In: MÜLLER, Bernd-Dietrich/NEUNER, Gerhard (Hrsg.): *Praxisprobleme im Sprachunterricht,* S. 77–89.

WILDNER-BASSETT, Mary (1986): *Gesprächsroutinen und -strategien für Deutsch als Alltags- und Wirtschaftssprache.* In: Goethe-Institut, Ref. 41 (Hrsg.): *Routinen im Fremdsprachenerwerb.* München: Goethe-Institut, S. 136–215.

WILSON, Deirdre/SPERBER, Dan (1979): *Remarques sur l'interprétation des énoncés selon Paul Grice.* In: Communications 30, S. 80–94.

WUNDERLICH, Dieter (1976): *Sprechakttheorie und Diskursanalyse.* In: APEL, Karl-Otto (Hrsg.): Sprachenpragmatik und Philosophie. Frankfurt/M.: Suhrkamp, S. 463–488.

WUNDERLICH, Dieter (1978): *Wie analysiert man Gespräche? Beispiel Wegauskünfte.* In: Linguistische Berichte 58, S. 41–76.

ZIMMER, Dieter E. (1986): *Redens Arten.* Zürich: Haffmanns.

ZIMMER, Dieter E. (1991): *Die Neue Herzlichkeit. Ein Wegweiser durch heutige Sprachmanieren: Schroffe Lakonie hat ausgedient.* In: Die Zeit, Nr. 23, S. 74.

B. Textauszüge und Abbildungen

BALDEGGER, Markus/MÜLLER, Martin/SCHNEIDER, Günther (Hrsg.) (1984): *Kontaktschwelle Deutsch als Fremdsprache.* Berlin, München: Langenscheidt. S. 152 f.

BAUSINGER, Herrmann (1981): *Alltagskommunikation.* In: Materialien zur Landeskunde 1. Bonn: Deutscher Akademischer Austauschdienst (DAAD). S. 19, S. 32.

BEILE, Werner/BEILE, Alice (Hrsg.) (1980): *Sprechintentionen.* Bd. 4, Textbuch. Bonn: Inter Nationes. S. 15, S. 17, S. 41.

BRONS-ALBERT, Ruth (Hrsg.) (1984): *Gesprochenes Standarddeutsch.* Tübingen: Narr. S. 11 ff.

CAUQUIL, Gérard u.a. (1984): *Brücken.* Allemand langue 2 (seconde). Paris: Didier. S. 11.

DANIELS, Karlheinz (1985a): *Geschlechtsspezifische Stereotypen im Sprichwort.* In: Sprache und Literatur in Wissenschaft und Unterricht 56, S. 18 – 25.

DIE ZEIT, 20.4.1984.

DIKMEN, Sinasi (1982): *Kein Geburtstag, keine Integration.* In: ACKERMANN, Irmgard (Hrsg.) (1982): *Als Fremder in Deutschland.* München: dtv. S. 51.

FUCHS, Harald P./SCHANK, Gerd (Hrsg.) (1975): *Texte gesprochener deutscher Standardsprache.* München: Hueber. S. 62 ff, S. 72.

GARFINKEL, Harold (1973): *Das Alltagswissen über soziale und innerhalb sozialer Strukturen.* In: Arbeitsgruppe Bielefelder Soziologen (Hrsg.): Alltagswissen, Interaktion und gesellschaftliche Wirklichkeit, Bd. 1. Reinbek: Rowohlt, S. 207.

GRIESBACH, Heinz/SCHULZ, Dora (1971): *Deutsche Sprachlehre für Ausländer.* Grundstufe in einem Band. München: Hueber. S. 25 f, S. 76.

HADDAD, Najm (1987): *Kultur und Sprache. Eine kontrastive Analyse als didaktisches Konzept am Beispiel des Deutschen und Arabischen.* Frankfurt/M.: Lang. S. 229.

HÄUBLEIN, Gernot/SCHERLING, Theo/HÄUSLER, Gudrun (1982): *Telefonieren – Schriftliche Mitteilungen.* Berlin, München: Langenscheidt. S. 8 f.

HANDKE, Peter (1969): *Die Innenwelt der Außenwelt der Innenwelt.* Frankfurt/M.: Suhrkamp. S. 16.

HIEBER, Wolfgang (1983): *Lernziel Deutsch – Deutsch als Fremdsprache.* Grundstufe 1. München: Hueber. S. 90.

HOG, Martin/MÜLLER, Bernd-Dietrich/WESSLING, Gerd (1984): *Sichtwechsel. Elf Kapitel zur Sprachsensibilisierung.* Lehrbuch (a). Stuttgart: Klett. S. 121.

HUNFELD, Hans (1989): *Sprichwörtlich.* München: Klett Edition Deutsch. S. 71, S. 86, S. 87.

IWZ. ILLUSTRIERTE WOCHENZEITUNG, 6.8.1988.

JÄGER, Karl-Heinz (Hrsg.) (1979): *Texte gesprochener deutscher Standardsprache,* Bd. 4. München: Hueber. S. 65, S. 70.

KÜHN, Peter (1984): *Pragmatische und lexikographische Beschreibung phraseologischer Einheiten: Phraseologismen und Routineformeln.* In: WIEGAND, Herbert Ernst (Hrsg.) (1984): *Studien zur neuhochdeutschen Lexikographie,* Bd. 4. Hildesheim: Olms. S. 209.

MEBUS, Gudula u.a. (1987): *Sprachbrücke. Lehrwerk für Deutsch als Fremdsprache,* Bd. 1. München: Klett Edition Deutsch. S. 120 f., S. 191.

MÜLLER, Helmut (1980): *Der eine und der andere. Szenische Dialoge für den deutschen Sprachunterricht.* München: Klett Edition Deutsch. S. 28 f.

NEUNER, Gerhard u.a. (1979): *Deutsch aktiv.* Lehrbuch 1. Berlin, München: Langenscheidt. S. 9.

OTTO, Carl (Hrsg.) (1910): *Der Haussekretär.* Berlin: Herlet. S. 321 f.

REICHEL, Wolfgang (1989): *Bewerbungsstrategien. Erfolgreiche Konzepte für Karrierebewußte.* Niedernhausen/Ts.: Falken. S. 63.

REUTLINGER GENERAL-ANZEIGER, 30.12.1986.

RÖHRICH, Lutz (1973): *Lexikon der sprichwörtlichen Redensarten.* 4 Bde. Freiburg: Herder. S. 743.

SICHTWECHSEL (1984): *Lehrbuch (a), Lehrerhandbuch (b).* München: Klett Edition Deutsch. S. 121, S. 122.

ŠUBIK, Barbara/KURDYNOVSKY, Helen (1982): *Deutsch im Alltag. Ein Kommunikationskurs.* München: Hueber. S. 38, S. 109.

VORDERWÜLBECKE, Anne/VORDERWÜLBECKE, Klaus (1986): *Stufen 1.* Kursbuch. München: Klett Edition Deutsch. S. 67.

WIEMER, Rudolf Otto (1971): *Beispiele zur deutschen Grammatik – Gedichte.* Berlin: Fietkau. S. 12.

WUNDERLICH, Dieter (1980): *Arbeitsbuch Semantik.* Königstein/Ts.: Athenäum. S. 279 f.

ZIMMER, Dieter E. (1986): *Redens Arten.* Zürich: Haffmanns. S. 53.

Angaben zum Autor

Heinz-Helmut Lüger, Jg. 1946, Wissenschaftlicher Angestellter am Sprachlehrinstitut (Sektion Deutsch als Fremdsprache) der Universität Konstanz. Studium von Romanistik, Germanistik und Philosophie. Promotion und Referendariat. 1980 – 1985 Lektor für deutsche Sprache und Literatur in Clermont-Ferrand, Frankreich. Arbeitsschwerpunkte: Linguistische Pragmatik, Fremdsprachendidaktik.

An der Entwicklung des DIFF-Projekts zur Landeskundevermittlung waren beteiligt:

Der wissenschaftliche Beirat:
Christoph Edelhoff, Hans-Jürgen Krumm, Dietrich Krusche, Hans-Eberhard Piepho, Karlheinz Rebel

Die Projektgruppe des DIFF:
Wolfram Hosch, Gabriele Steffen (bis 4/90), Gunther Weimann, Margaret Winck
Wissenschaftliche Hilfskräfte: Inge Hitzenberger (bis 4/90), Petra Schulz
Texterfassung: Stiliani Andreadaki (bis 4/90), Martin Wambsganß

Das Fernstudienprojekt DIFF - GhK - GI

Nachdem Sie diese Studieneinheit durchgearbeitet haben, möchten Sie vielleicht ihre Kenntnisse auf dem einen oder anderen Gebiet vertiefen, möchten mehr wissen, über konkrete Unterrichtsplanung, über die Schulung von Lesefertigkeiten, über Literatur, ihre Entwicklung und Hintergründe …

Sie haben bereits Hinweise auf andere Fernstudieneinheiten gefunden und sind neugierig geworden? Sie möchten wissen, was das für Studieneinheiten sind, wo Sie sie bekommen und wie Sie sie benutzen können?

Zu diesen Fragen möchten wir Ihnen noch einige Informationen geben:

Diese Studieneinheit ist im Rahmen eines Fernstudienprojekts im Bereich DaF/Germanistik entstanden, das das DIFF, die Universität Gesamthochschule Kassel und das Goethe-Institut zusammen durchgeführt haben.

In diesem Projekt werden Fernstudienmaterialien für die fachwissenschaftliche und fachdidaktische Weiterbildung zu folgenden Themenbereichen entwickelt:

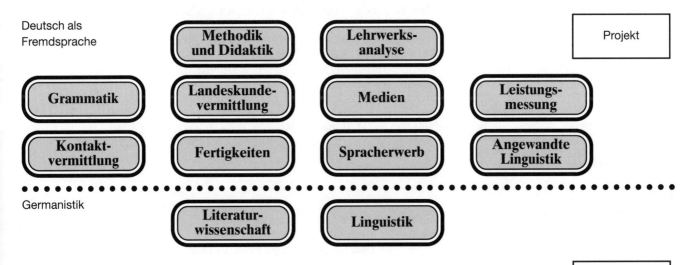

Weitere Studieneinheiten sind in Vorbereitung (Planungsstand 1993) bzw. erschienen:

Deutsch als Fremdsprache
* DaF als Hochschulfach. Eine Einführung. I und II. (R. Ehnert / Co-Autoren, Bielefeld)
* Zur Entwicklung der Methoden des DaF-Unterrichts (H. Hunfeld, Eichstätt / G. Neuner, Kassel), erschienen 8/1993
* Zweit- und Fremdsprachenerwerbstheorien (E. Apeltauer, Flensburg)
* Testen und Prüfen in der Grundstufe (G. Albers, Köln / S. Bolton, München)
* Lesen als Verstehen (S. Ehlers, Moskau), erschienen 8/92

Literaturwissenschaft
* Einführung in die germanistische Literaturwissenschaft (H. Schmiedt, Köln)
* Literaturgeschichte II: Von der Klassik bis zum Naturalismus (E. Menz, Kassel)
* Literaturgeschichte III: 20. Jahrhundert (H.O. Horch, Aachen)
* Einführung in die Analyse lyrischer Texte (H. Schmiedt, Köln)
* Einführung in die Analyse dramatischer Texte (H. Schmiedt, Köln)
* Einführung in die Analyse erzählender Texte (H. Schmiedt, Köln)

Linguistik
* Einführung in die germanistische Linguistik (H.O. Spillmann, Kassel)
* Grammatik des deutschen Satzes (W. Köller, Kassel)
* Semantik (R. Müller, Kassel)
* Historische Grammatik (G. Ganser, Trier)
* Textlinguistik (H. Andresen, Flensburg)
* Pragmalinguistik (W. Holly, Trier)
* Fachsprache, Sondersprache (K.H. Bausch, Mannheim)

Landeskunde
* Landeskunde im Anfangsunterricht (K. van Eunen, Arnhem / H. Lettink, Hoogeveen)
* Kontakte Knüpfen (R. Wicke, Edmonton / Felsberg)

* Wortschatzarbeit und Bedeutungsvermittlung (B. Müller-Jacquier, Bayreuth)
* Landeskunde mit der Zeitung (H. Sölch, Köln)
* Bilder in der Landeskunde (W. Hosch, Tübingen / D. Macaire, Paris)
* Landeskunde und Literaturdidaktik (M. Bischof / V. Kessling, Berlin / R. Krechel, Bangkok)
* Geschichte im Deutschunterricht (I. Bork-Goldfield, Plymouth N.H. / F. Krampikowski, München / G. Weimann, Tübingen)

Methodik / Didaktik Deutsch als Fremdsprache

* Arbeiten mit Lehrwerkslektionen (P. Bimmel, Amsterdam / B. Kast, München / G. Neuner, Kassel / P. Panes, Saloniki)
* Fertigkeit Hörverstehen (B. Dahlhaus, Bochum)
* Fertigkeit Leseverstehen (G. Westhoff, Utrecht)
* Fertigkeit Sprechen (G. Neuf-Münkel / R. Roland, Bonn)
* Fertigkeit Schreiben (B. Kast, München)
* Probleme der Leistungsmessung (S. Bolton / U. Gugg, München)
* Probleme der Wortschatzarbeit (B. Kast, München / B. Müller-Jacquier, Bayreuth)
* Arbeit mit Sachtexten (R. Buhlmann, Madrid / I. Laveau, Moskau)
* Arbeit mit literarischen Texten (S. Ehlers, Moskau / B. Kast, München)
* Angewandte Linguistik – eine Einführung für DaF-Lehrer (H. Bolte, Utrecht)
* Einführung in den computergestützten Sprachunterricht (M. Grüner / T. Hassert, München)
* Übersetzen im DaF-Unterricht (F. Königs, Bochum)
* Lehrwerkanalyse (B. Kast, München / H.-J. Krumm, Hamburg)
* Lieder im DaF-Unterricht (U. Lehners, München)
* Video im DaF-Unterricht (D. Arnsdorf / M.-L. Brandi, Paris)
* DaF an Primarschulen (D. Kirsch, München)
* Grammatik lehren und lernen (H. Funk / M. Koenig, Kassel), erschienen 12/91

Adressaten

Die Studieneinheiten wenden sich an:

– Lehrende im Bereich Deutsch als Fremdsprache im Ausland und in Deutschland,
– Germanisten/Germanistinnen an ausländischen Hochschulen
– Studierende der Germanistik im Bereich Deutsch als Fremdsprache
– Aus- und Fortbilder/innen im Bereich Deutsch als Fremdsprache

Konzeption/Ziele

Wozu können Sie die Studieneinheiten verwenden?

Je nachdem, ob Sie als Deutschlehrer, Hochschuldozent oder Fortbilder arbeiten oder DaF/Germanistik studieren, können Sie entsprechend Ihren Interessen die Studieneinheiten benutzen, um

– sich persönlich fortzubilden,
– Ihren Unterricht zu planen und inhaltlich zu gestalten,
– Fortbildungs- und Umschulungskurse zu planen und durchzuführen,
– sich auf ein Studium in Deutschland vorzubereiten und
– sich auf eine Weiterqualifikation im Bereich DaF (z.B. Erwerb des Hochschulzertifikats DaF an der GhK) vorzubereiten. (Die GhK bietet die Möglichkeit, bis zu 50% des zweisemestrigen Ergänzungsstudiums DaF auf dem Wege des Fernstudiums anerkannt zu bekommen.)

Arbeitsformen

Wie können Sie die Studieneinheit verwenden?

– Im Selbststudium können Sie sie durcharbeiten, die Aufgaben lösen und mit dem Lösungsschlüssel vergleichen.
– Zusätzlich werden in zahlreichen Ländern in entsprechenden Aus- und Fortbildungsgängen Seminarveranstaltungen und Abschlußtests angeboten.
– Sie können sie als Steinbruch oder kurstragendes Material für Aus- und Fortbildungsveranstaltungen verwenden.

Weitere Informationen erhalten Sie bei:

| Deutsches Institut für Fernstudien an der Universität Tübingen Postfach 1569 72005 Tübingen | Universität Gesamthochschule Kassel FB 9 (Prof.Dr. Gerhard Neuner) Georg-Forster-Str. 3 34109 Kassel | Goethe-Institut München Referat 42 Helene-Weber-Allee 1 80637 München |